——— 经济学名著译丛 ———

价格与生产

〔英〕弗里德里希·A.哈耶克　著
吴富佳　吴彼得　陈伟　译

Prices and Production

Friedrich A. Hayek
PRICES AND PRODUCTION

本书根据 Augustus M. Kelly 出版社 1967 年版译出

All Rights Reserved. Authorized translation from the English language edition published by Routledge, a member of the Taylor & Francis Group

© 2023 The Estate of F. A. Hayek

如果本书的封面没有粘贴 Taylor & Francis 公司的标签，则为未经授权的非法版本

中 译 本 序

韦 森

"我们或许可以通过及时遏制经济扩张来预防一场经济危机,但一旦危机到来,我们将无法在危机自然消逝之前摆脱它。"

——弗里德里希·A. 哈耶克(Hayek, 1935, p.99)

一、《价格与生产》一书的缘起

《价格与生产》是弗里德里希·A. 哈耶克(Friedrich A. Hayek, 1899—1992)第一本英文著作,也是他与瑞典经济学家冈纳·缪尔达尔(Gunnar Myrdal, 1898—1987)一起获得1974年诺贝尔经济学奖所做经济学理论贡献的主要著作。这本书是由哈耶克1931年1月到2月应邀在伦敦政治经济学院所做的四次讲演的英文文稿汇集而成,初版于1931年12月,由英国老牌的劳特里奇出版社(Routledge Press)出版。在哈耶克的第一本德文著作《货币理论与商业周期》(Hayek, 1929/1933)被翻译成英文出版后,1935年,哈耶克修订出版了《价格与生产》的第二版(Hayek, 1935)。目前,国际上多家出版社多次重复印行的这本书,都是这本书的第二版。现在由吴富佳博士等经济学人翻译的这本中译本,也是根据这本书的第二版的英文原文翻译过来的。同时，他们也将第一版序和莱昂内尔·罗宾斯教授所作的前言一并翻译成中文。

哈耶克于1899年5月8日出生于维也纳。他父亲奥古斯特·冯·哈耶克（August von Hayek）是维也纳市政府的一个卫生机构中的医生，但对植物学有着大量研究，是维也纳大学的一位编外植物学讲师。哈耶克的母亲菲丽西塔丝·冯·尤拉舍克［Felicitas (nee) von Juraschek］出生在一个富有的家庭，曾从哈耶克的外祖母那里继承了一大笔遗产，[①]使哈耶克的早年在当时的奥匈帝国首都维也纳过着优渥的生活。1918年11月，哈耶克入读维也纳大学学习法律，同时也选修了哲学、心理学和经济学的课程。在维也纳大学学习期间，哈耶克曾受奥地利经济学家和奥地利学派的创始人卡尔·门格尔（Carl Menger, 1840—1921）以及奥地利经济学家和社会学家弗里德里希·维塞尔（Friedrich Freiherr von Wieser, 1851—1926）很大影响。维塞尔是哈耶克的授业导师，哈耶克从大三起就上维塞尔的经济学课，对哈耶克的经济学思想和方法论影响很大。自1918年起，哈耶克在维也纳大学学习了6年，并在1921年和1923年分别获得法学和政治学博士学位，还结识了许多当时在世界教学科研重镇的维也纳大学中的著名的经济学家、法学家、心理学家、社会学家和科学家等，尤其是与奥地利经济学派的重要人物路德维希·海因里希·艾德勒·冯·米塞斯（Ludwig Heinrich

---

[①] 虽然奥古斯特·冯·哈耶克未曾获得维也纳大学的正式教职，但他的植物学研究成果却甚丰，著有《巴尔干半岛的植物志》三巨卷，共达2500多页。其中一部分是在他去世后才出版，直到现在仍被认为是一本权威的植物学著作，并曾在1970年再版（见 Ebenstein, 2001, Chapt. 1. Note 15）。

Edler von Mises，1881—1973)结识，对哈耶克的影响甚大。之后，米塞斯实际上成了哈耶克亦师亦友的精神导师。在20世纪20年代后的20多年中，哈耶克一直追随米塞斯的研究路径，先是货币与信用理论上，然后是与米塞斯一起参与了与奥斯卡·兰格(Oskar R. Lange，1904—1965)和阿巴·勒纳(Abba P. Lerner，1903—1982)等关于计划经济可行性的理论大论战。几十年后，米塞斯和哈耶克二人也一起成了20世纪影响世界甚大的两位奥派经济学家。

1921年10月，哈耶克在拿到第一个博士学位后，经他老师维塞尔向米塞斯的推荐，去了奥匈帝国商务部(Chamber of Commerce)，在米塞斯领导下的一个政府性临时机构清偿局(Abrechnungsamt)找到一个临时职位。哈耶克到清偿局不久，1922年春天，一位美国的经济学家杰里米亚·菅克斯(Jeremiah Jenks)路过维也纳访问，而精通英语、法语和意大利语的哈耶克(他对这几种语言发音都有很重的德语accent，但尚能听懂)被安排做了菅克斯的随身翻译。经过一段时间的相处和交流，菅克斯许诺哈耶克，如果次年哈耶克能去美国，他会为他提供一个研究助理职位。1923年3月，哈耶克在维也纳大学完成了第二个政治学博士学位后，立即去了美国14个月。走之前，熊彼特还给哈耶克向当时的多位美国著名经济学家写了多封引荐信，包括约翰·贝茨·克拉克(John Bates Clark，1847—1938)、韦斯利·C.米切尔(Wesley C. Mitchell，1874—1948)、欧文·费雪(Irving Fisher, 1867—1947)等。在美国游学期间，哈耶克还特别选听了美国制度经济学派经济学家米切尔关于商业周期和工业波动的课程。哈耶克后来回忆道，他从米切尔那里学到的是，"我发现最有意义并能从中获益的，是有关货币政策和控制产业波动的研究，他一方面与哈佛经济学社联系在一起，另一方面又同联邦储蓄系统的中央金融政策的新实验联系在一起"(Hayek, 1984, p.2)。

哈耶克于1924年初春返回了维也纳，回到清偿局工作，也参加"米塞斯小组"的讨论班。接着，哈耶克向米塞斯提议成立一个"经济周期研究所"(Institut für Konjunkturforschung)，后来这一计划得到了美国洛克菲勒基金会的资助，这个研究所于1927年开始工作，哈耶克任第一任所长。虽然这个研究所只有两个雇员，但是哈耶克却在这一时期对货币理论与商业周期问题进行广泛而深入的研究，先用德文写出了"美国从1920年的危机中复苏后的货币政策"等几篇文章。为了获得维也纳大学的一个教职，哈耶克在1929年又撰写了一篇重要经济学学术论文"储蓄的悖论"(1929/1931)[①]和他的第一本经济学著作《货币理论与商业周期》(1929/1933)，这本著作集中考察"引起周期性波动的货币性因素"，时任伦敦政治经济学院经济系主任的莱昂内尔·罗宾斯(Lionel Robbins, 1898—1984)懂德文，及时注意到了哈耶克的研究，认识到在维也纳的这位不到30岁的青年经济学家深厚的理论功底尤其是他对货币理论和商业周期问题的深入研究。[②] 于是，罗宾斯邀请哈耶克到

---

① 哈耶克最早用德文撰写"储蓄的悖论"一文，最初发表在一家德文杂志 Zeitschrift flir Nationalokonomie(1929/1931)。这篇论文后来由英国一名著名经济学家 Nicholas Kaldor 和 Georg Tugendhat 翻译为英文，重新发表在伦敦经济学院经济学学报 Economica 上。

② 正如时任伦敦政治经济学院经济系主任的莱昂内尔·罗宾斯(Lionel Robbins)在本书前言中所言："由哈耶克博士担任所长的奥地利经济学研究所，是在1929年春预言美国经济的衰退会对欧洲的形势产生有害影响的极少数同类机构之一。大多数货币理论家似乎完全未能正确地理解大萧条来临之前在美国起作用的力量的性质，他们显

伦敦政治经济学院在1931年1月到2月间做了四次讲座。哈耶克为这四次讲座所撰写的讲稿，后来就汇集成了《价格与生产》这本小册子①，并于同年12月出版，这本著作考察了"构成波动的真实生产结构的变化"。它的出版，标志着奥地利经济学派的"货币与商业周期理论"的分析框架基本上形成了。②

二、分析理路和理论结构

哈耶克在美国游学期间和回到维也纳建立经济周期研究所期间，已花了数年时间研究货币理论与商业周期问题，同时在1929年，震惊世界的由美国爆发而波及西方各国的世界经济大萧条也已经发生了，货币理论与商业周期（当时也有很多著作将之称为"产业波动"）一时变成了全世界大多数经济学家关心的一个重要问题。哈耶克的这四次讲座以及接着出版的《价格与生产》这一著作，也立即引起了较广泛的关注。许多后来非常有名的经济学家（包括后

然认为价格水平的相对稳定表明了一种必然不受有害的货币影响的状态。哈耶克博士是奥地利理论的杰出代表，他至少可以宣称自己有这样的优点：任何真正理解其主要原则的人，都不会有片刻怀有徒劳的错觉。"（参考本书罗宾斯的前言）

① 1958年，上海人民出版社曾出版过由滕维藻和朱宗风所合译的《物价与生产》的中译本，使用的译本也是这本小册子1935年的第二版（修改和增订版），只是Hayek的名字被译为"海约克"。

② 早在1912年，路德维希·冯·米塞斯就出版了他的经济学巨著《货币和信用理论》。受庞巴维克（Eugen von Böhm-Bawerk, 1851—1914）尤其是瑞典经济学家克努特·维克塞尔（Knut Wicksell, 1851—1926）的影响，米塞斯在这本巨著中对货币、银行、信用、利息、通货膨胀以及就业等问题进行了深入的探讨和理论解释，影响了包括哈耶克在内的西方许多国家的经济学家。但总体而言，米塞斯作为奥地利经济学派的一名主要理论家，他还没有构建出奥地利经济学派的货币与商业周期理论。

来几位诺贝尔经济学奖获得者）都听了哈耶克的这四次讲座。

1. 货币理论发展与哈耶克的在货币理论上的新贡献

由于在这个问题上已投入研究多年，哈耶克对这方面的理论文献都很熟悉，在《价格与生产》一开始，哈耶克就货币对价格影响方面的一些经典理论做了一些较为详细的文献回顾。为了展开自己的货币与商业周期的理论解释，哈耶克首先批评了欧文·费雪（Irving Fisher，1867—1947）著名的货币数量论。接着，哈耶克批评了英国研究货币与商业周期问题的著名专家拉尔夫·乔治·霍特里（Ralph George Hawtrey，1879—1975）的一些观点，认为这些经济学家大都只重视货币数量的变动对整体经济或一般价格水平的影响，而没有关注到货币数量变动首先影响的是"相对价格水平"（同上，p. 4）。[①]之后，哈耶克进一步指出，人们通常只是简单地认为，由于货币数量的增加以及高于目前成本价格的销售会诱使每个

---

① 货币数量的变动，首先影响的是相对价格水平，而不是普遍的通货膨胀，这是哈耶克多年的一贯观点，也是他的一个理论贡献。甚至到20世纪80年代，在1980年发表在英国《泰晤士报》上的一篇读者来信中，哈耶克还说："最近风靡全世界的货币主义，不过是给古老的'货币数量论'安上一个好听的名字而已。"他还认为，弗里德曼以及"货币数量论"的主要问题在于它过于"简陋"。这种理论"没有说明，货币供应量到多少才算是恰当的"。之前，在1978年出版的《货币的非国家化》一书中，哈耶克也指出："在我看来，货币主义理论在所有情形下都会面临的主要缺陷是，它突出强调货币数量的变动对价格总水平的影响，因而使人过分地只是关注通货膨胀和通货紧缩对债权-债务关系的有害影响（包括费雪和凯恩斯的《货币论》也对此有很多论述——引者注），却忽略了向流通中注入和撤出货币数量对相对价格的结构所产生的更重要、危害也更大的影响。因为这会扭曲资源配置，尤其是会导致投资向错误的方向配置。"这应该是哈耶克之所以获得诺贝尔经济学奖的重要理论贡献之一（见 Hayek, 1976, Chapt. 14）。

人（企业家）去扩大生产，"反之，对将来被迫以低于成本的价格销售的担忧将有力地阻止生产的扩张"。哈耶克认为，这种传统的理论至少产生了以下三个错误的观点："首先，认为只有在一般价格水平发生变动时，货币才会对价格和生产产生影响，因此，如果价格水平保持稳定，则价格和生产总是不受货币的影响，即处于'自然'水平；其次，认为价格水平的上升往往会引起生产的增加，而价格水平的下降则总是引起生产的减少；最后，认为'货币理论甚至可以被描述为不过是关于货币价值如何被决定的理论'（这里哈耶克是指霍特里的观点——引者注）。"哈耶克还指出："在这些错误观点的引导下，我们有可能认为，只要货币价值是稳定的，就可以忽略货币的影响。"（参考本书第 18—19 页）环顾今天，看看经济学界有多少人还在持这种简单的直线思维啊！

接着，哈耶克回顾了经济思想史上的"坎蒂隆效应"（the Cantillon Effect），[①] 并引用了大卫·休谟（David Hume）论货币的作用的一句名言："只有在获得货币和价格上涨之间的间隔期或中间过渡状态下，金银数量的增加才有利于工业。"（参考本书第20页）[②]。根据坎蒂隆和休谟早期对货币的论述，哈耶克 20 世纪 30 年代就非常敏锐地认识到，货币被注入市场流通的时点和渠道非常重要："新增货币是首先投放到贸易商和制造商手中，还是直接投放到国家雇员

---

① 理查德·坎蒂隆（Richard Cantillon，1680—1734），爱尔兰经济学家和金融家，曾撰写出现代经济学最早的著作《商业性质概论》，这要比亚当·斯密的《国富论》还要早。

② 休谟的这句话今天读来感觉有点绕。我揣摩，在 1742 年英国还实行金银铸币的时代，休谟这里的意思是，只有在产业上升期市场交易对货币有实际的增长需求时，货币的增加才会对经济的增长产生正向的作用。

的手中，其影响可能会完全相反。"（参考本书第 21—22 页）今天，再读读哈耶克这在 90 多年前说过的话，又会让多少人醍醐灌顶！

由于米塞斯、哈耶克和凯恩斯开始都受瑞典经济学家克努特·维克塞尔（Knut Wicksell，1851—1926）的影响才开始自己的货币、信用与商业周期理论研究的，在谈到货币数量的变化、利息、价格与生产时，自然绕不开维克塞尔的自然利率与市场利率的解释理路。但是到了写作《价格与生产》这本小册子的讲稿时，哈耶克已经认识到了维克塞尔的"自然利率"概念的问题，在这本小册子中就开始使用"均衡利率"而不是"自然利率"这个概念了。

尽管到这一时期哈耶克已经意识到了维克塞尔围绕着"自然利率"和"市场利率"而建构的利率、价格与生产理论的问题，哈耶克还是充分肯定了这位伟大的瑞典经济学家的理论贡献。同时，哈耶克也指出维克塞尔的理论问题，"在货币经济中，真实利率或货币利率（Geldzins）可能不同于均衡利率或自然利率[①]，因为资本的需求和供给在其自然形态下未必能达到平衡，只有在货币形态下才能平衡，而银行可以任意改变用于资本目的的货币数量"。（参考本书第 32 页）在对维克塞尔的观点进行了简单的介绍和商榷之后，哈耶克谈到了米塞斯对货币和信用理论的贡献："米塞斯教授通过分析货币利率与均衡利率之间有差异时对消费品价格和对生产品价格的不同影响，从而改进了维克塞尔的理论。通过这一点，他成功地将维克塞尔的理论转换为信贷周期理论……并在逻辑上做出了圆满的解释。"（参考本书第 33 页）

[①] 在这里，哈耶克还特别指出，他宁可把维克塞尔的"自然利率"概念称为"均衡利率"（equilibrium rate）。

在对货币与生产理论做了简洁的经济思想史回顾后，哈耶克认为，即时就可以开始进入货币理论发展的第四个伟大阶段了。哈耶克首先提出，为了使实体资本（real capital）的供求平衡，银行的贷出额不得多于或少于存入银行的储蓄额。这自然意味着银行无论如何绝不允许流通中的有效货币数量发生变化。因此，为了保持价格水平的稳定，货币流通量必须随着生产量的增减而变化。这样一来，银行要么能将对实体资本的需求控制在储蓄供给所限定的储蓄额内，要么能保持价格水平的稳定，但无法同时履行这两种职能。哈耶克还认为，在一个储蓄供给没有增加的静态社会外，保持利率等于均衡利率，就意味着当生产扩张时，价格水平就会下降。反过来说，"保持一般价格水平稳定就意味着贷款利率将要降低到均衡利率以下。其结果同投资率超过储蓄率的情况一样"。（参考本书第35页）哈耶克进一步明确指出："一旦人们开始思考这个问题就会发现，货币数量的任何变化，无论其是否影响价格水平，几乎都必然会影响相对价格。而且，毫无疑问，正是相对价格决定了生产的数量和方向，因而，货币数量的任何变化也几乎都必然会影响生产。"（参考本书第35页）货币流通量的变化通过影响相对价格水平从而影响生产的数量和方向，这应该是哈耶克经济学理论中的一大贡献。这也可能是哈耶克所说的货币理论发展到了第四个阶段。

2. 经济学理论中的"哈耶克三角"

《价格与生产》的第二讲"消费品生产与生产品生产之间的均衡条件"，是本书最核心，也是最难理解和把握的一讲，勾画了以著名的"哈耶克三角"（the Hayekian Triangle）为代表的奥地利经济学派商业周期理论的基本框架。这是商业周期的一个核心概念，用来解释资本品的价值与生产阶段之间的关系，它为商业周期理论提供了分析支撑。不同形状的三角形提供了一种方便但高度程式化的方式来描述经济资本结构的跨期模式的变化。哈耶克观察到，生产是一个长期的过程，而生产要素必须在当期准备完毕以用于生产。产品的价值只有在生产和销售完成之后才能够实现。同时，资本具有异质性；随着生产过程的不断深入，资本在特定过程中扮演的角色也愈发专门化。资本专门化的结果是，一旦最终的消费需求发生变化，资本调整将很难跟上。在一个现代资本主义经济体系中，宏观经济的最核心问题就是跨生产周期的资源调度问题：如何才能让当期的资源在资本品和消费品间做到最优配置，以确保消费者在现在和未来的偏好能够保持平衡？

为了进一步解释他的哈耶克三角的生产理论，他还假定一种纯抽象的经济体制安排情形：整个生产过程都是由一家公司完成的。这家公司的管理者像共产主义社会中的中央计划者一样可随意决定现有的生产资料哪一部分应该用于消费品的生产，哪一部分应该用于生产品的生产。哈耶克认为，在这样一种体制安排中，对于这位管理者而言，就没有向别人借贷的理由，也没有用储蓄去参与投资的机会。在这种情况下，要完成向资本化更高的生产方式转型，就意味着在新的迂回生产过程中生产最终消费品的时期会更长，公司支付物资生产资料的货币会更多，而向消费者（这里哈耶克显然是假定消费者也就是这个社会经济一体化公司的雇员）支付的工资就会相应减少。"因此，在这种情况下，以货币表示的对消费品的需求只会暂时减少，而在生产过程被分为若干相等长度的独立阶段的情况下,可用于购买消费品的货币数量的减少是永久性的。……消费品的价格只会随着其数量的增加而成反比下降,而使用这些生产要素的总支付额作为收入将保持不变。"(参考本书第 62 页)用今天的话来说,尽管总社会的经济总量(GDP)不变,但由于消费者收入的减少而导致的对消费需求的减少会导致通货紧缩(CPI 下降)。这样,整个社会的情形将是:资本品的生产在增加,消费品的产出量无论是在增加还是保持不变,但消费品的价格却在下降。

3. 利息、价格与商业周期

在对货币数量变动经由改变相对价格从而对生产结构产生的影响进行了逻辑分析和抽象的解释之后,在第三讲及其附录中,哈耶克进一步探讨了货币数量的变动、利息、信贷周期与商业周期的关联机制。

哈耶克首先引用了米塞斯在《货币和信用理论》中的一段话:"由银行低于自然利率的贷款政策所引发的生产活动之增加的第一个效应是……提高生产品的价格,而消费品的价格只是适度上升……但很快出现了相反的趋势:消费品价格上升,生产品价格下降,亦即贷款利率上升,并再次接近自然利率。"(Mises, 1912/1981, pp.362—363)[①] 这句话可谓是这一讲的画龙点睛之笔。如前所说,尽管米塞斯沿着维克塞尔的自然利率与贷款利率的两分法简单地论述了利率对价格与生产的影响理论,但应该说他并没建立起奥地利经济学派的货币与商业周期理论。哈耶克的《货币理论

---

① 在米塞斯的《货币和信用理论》1981 年的英文版中,这段话的翻译与哈耶克在《价格与生产》一书中所引用的文本有细微差别,但意思大致一致。

与商业周期》和《价格与生产》两本小册子中的理论分析框架，基本上是在维克塞尔以及米塞斯《货币和信用理论》的分析基础上建立起来的。只不过到了哈耶克这里，他已经基本上扬弃了维克塞尔的"自然利率"概念转而用"均衡利率"，且更加细致地阐释了货币与利率的变化是如何通过相对价格变化而影响生产结构，从而导致了资本主义市场经济的商业周期。

为了澄清或者说具体展开说明维克塞尔-米塞斯关于实际贷款利率围绕着自然利率（哈耶克称之为"均衡利率"）上下波动对相对价格从而对经济的影响，哈耶克在第三讲着重阐释了信贷、利率和相对价格的变化对生产结构的影响，并进一步阐释了生产结构的调整与经济周期之间的关系。从近代以来，乃至到21世纪的当今世界，经济危机（也称"工业波动"和"商业周期"）几乎总是与信用（贷）周期相伴相生，或接踵而至。因此，哈耶克从一开始分析信贷扩张、货币增加、利率的调整与相对价格的扭曲对生产结构的影响，及其与市场自发调节机制差别，进一步探讨了利率的市场决定机制和与经济周期之间的关系，在逻辑上是环环紧扣的。

总结哈耶克在第三讲的复杂难懂的论述和解释，我们可以看到，在哈耶克看来，一旦大萧条到来，靠消费信贷刺激需求可能无济于事，甚至会有相反的结果；反过来扩大对生产企业的贷款可能有益，但也只会收效甚微。只有靠人们自愿储蓄和自愿消费变化的慢慢时间调整，而不是靠银行贷款的人为扩张所带来的"被迫储蓄"（the forced savings）和内生货币的产生，才能慢慢使生产结构得到合宜的调整，从而使生产过程向着正确的方向慢慢来治愈经济危机。

许多初读或不认真阅读哈耶克早期几本纯经济学著作的学

者——尤其是一些较极端的奥派学者都盲目地认为，奥派的经济学家们（他们认为也包括哈耶克）都相信，在资本主义经济中之所以不断发生周期性的经济危机，都是各国中央银行惹的祸，是它们不断向经济体中注入和超发货币，导致经济体内的信贷扩张和资本品过度投资，因而生产过程过于的迂回；最后，当一个社会中大量新建投资项目资金断裂乃至建成后大量亏损到资不抵债时，企业纷纷倒闭，经济的萧条就会到来。因此，许多经济学家——尤其是一些极端的奥地利学派的经济学家——认为大萧条无非是各国中央银行无限制地超发货币的必然结果，并极力主张央行应该在经济运行中无所作为，至多应顺经济增长的高涨与收缩自然而然地顺其所为，并错误地认为这就是哈耶克的经济主张和商业周期理论的核心思想。今天再细读哈耶克的《价格与生产》，我们才发现这是对哈耶克思想的一个莫大误解。①

---

① 值得令人分辨清楚的是，在《货币理论与商业周期》（Hayek, 1929/1933）和《价格与生产》（Hayek, 1935）两本早期小册子中，哈耶克并没有批评美联储和西方各国央行的货币政策是导致大萧条的始作俑者——这就与后来的穆瑞·罗斯巴德（Murray Rothbard, 1926—1995，曾著有《美国大萧条》）等奥派经济学家们有所不同，而是反复论证，由于商业银行的信贷扩张引致"被迫储蓄"而货币内生，导致一个经济体中生产结构的错配，生产品和资本品部门的生产过重，消费品生产部门萎缩，并产生通货膨胀，最后才产生了大萧条和经济周期。罗斯巴德等新一代奥派经济学家虽然接承了哈耶克所初始建立起来的奥地利学派的货币与商业周期理论，但他们并没注意到（或者说并不认同）哈耶克在《价格与生产》从头到尾都反复强调的是商业银行的信贷扩张所导致的"被迫储蓄"，才会导致不当投资和扭曲生产的结构，最后导致周期性的经济危机这一核心思想。譬如，在收入《价格与生产》第二版最后的附录"资本与工业波动：对批评的回应"中，哈耶克就特别强调："由于我们从投资是通过信贷创造（'被迫储蓄'）或任何其他纯粹的货币变化来融资的情况考虑，很难看出除了储蓄的供给之外，还有哪些因素会影响对新资本品的总需求。只有当我们假设新资本可以赚取的利率的变化会导致囤积或不囤积，才会引入一个新的变化因素。"（参考本书第 125 页）

4. 经济危机发生后应该采取什么样的货币政策？

如果现代经济的运行需要中央银行做些事，那么，它们如何作为才是合意的？

为了弄清这一问题，哈耶克回顾了当时一些经济学名家的根深蒂固的观点。他首先引用当时很流行的一位瑞典经济学家古斯塔夫·卡塞尔（Gustav Cassel，1866—1945）的观点："最简单的假设是，一个国家的纸币受到严格的管制，以维持一般价格水平不变。"接着，哈耶克发现剑桥大学的著名经济学家阿瑟·庇古（Arthur C. Pigou，1877—1959）持差不多同样的观点。这两位经济学家的说法都意味着，如果流通媒介数量的变化恰好足以维持一般价格水平的稳定，其对价格的形成就没有切实的影响。因此，受到如此管制的货币将对价格保持"中性"。哈耶克说，他自己也是在这个意义上使用"货币中性"这一词的，但他看不到这个假设的任何依据（foundation）——尽管大多数人认为这是一个明显的陈词滥调，不需要进一步的证明。他还指出，从表面上看，就"中性"这个意义而言，我们应该期望货币供给量保持不变。但问题是，果真如此？哈耶克认为，如果要避免严重的扰动，难道除了经验表明的生产量的变化以外，就没有其他多种原因可以成为流通中的货币数量变化的正当理由吗？

对此，哈耶克的回答是："对于大多数经济学家来说，流通媒介数量不变的观念似乎完全是荒谬的。我们一直就被灌输这样的观念：弹性货币是人们非常渴望的东西。而且认为保障弹性货币安全的现代货币组织（尤其是最近的美国联邦储备制度）是一项重大成就。毫无疑问，一个国家进行贸易所需的货币数量随着季节的变化而有规律地波动，中央银行应该对'货币需求'的这些变化做出反应，它们不仅能够在不造成危害的情况下做到这一点，而且如果它们不想引起严重扰动，就必须这样做。长期以来的经验也证明了这一事实，即在危机时期，中央银行应提供更多的便利，增加宽松措施，从而扩大货币的流通，以防止恐慌，而且它们在很大程度上可以这样做而不会产生有害的影响。"（参考本书第 97 页）很显然，哈耶克这里的观点，就与后来的另一位奥地利经济学家罗斯巴德（Rothbard, 1963/2000）在《美国大萧条》中所提出的观点相左。

当然，在 20 世纪 30 年代，极其睿智和思想慎密的哈耶克并不是像后来的一些新古典经济学家们那样简单地认为一个经济体中流通的货币都是央行印出来的，甚至愚蠢地认为央行可以控制一个社会的货币总量。在第四讲中，哈耶克明确指出："毫无疑问，除了一般公认的货币或流通媒介的常规种类，例如硬币、银行纸币和银行存款等，其数量受某个中央当局管制或至少可以推测受到这样的管制外，还存在偶尔或永久地起货币作用的其他形式的交换媒介。虽然出于某些实际目的，我们习惯于把这些交换媒介与真正货币本身区分开来，认为它们只是货币的替代品，但显然，在其他条件都不变的情况下，这些货币替代品的任何增加或减少，都会产生与真正货币的数量的增加或减少完全相同的效果，因此，为了理论分析，应该将其视为货币。"（参考本书第 100—101 页）哈耶克接着还指出，除了银行本身创造的信贷内生货币之外，还要特别考虑到某些与银行无关的信用形式，这些货币通常被认为有助于节省货币，或起到与货币一样的作用。

哈耶克认识到，一个国家的信用体系（或今天人们所常说的货币总量，包括 M0，M1，M2，乃至 M3 或 M4 等等）可以比喻作一个倒金字塔，哈耶克认为："认为我们能够通过货币政策完全消除工业波动的想法可能是一种幻想。我们最大的希望是，日益增长的公开信息可能会使中央银行更容易在经济周期向上运行期间采取谨慎政策，从而缓解随后的萧条，并抵制通过'一点点小的通胀'来对抗萧条的善意但危险的建议。"（参考本书第 109 页）在今天看来，哈耶克对一国货币体系构成的认识，以及对央行对货币的控制能力及其范围和央行应对工业波动的货币政策的有限作用，都认识和解释得多么清楚明了啊！理解了这一点，我们对 1974 年瑞典诺贝尔经济学颁奖委员会把当年的经济学奖颁发给哈耶克和缪尔达尔，以"表彰他们在货币政策和商业周期上的开创性研究以及他们对于经济、社会和制度互动影响的敏睿分析"，就不感到奇怪了。

在四次讲演的最后，哈耶克得出了两点结论：第一，货币理论至今还远未达到完美的状态。尽管如此，哈耶克确信在现有条件下货币总是会对经济事件的进程产生决定性的影响，这一点是可以肯定的。因此，如果忽视货币的作用，那么我们对实际经济现象的分析就是不完整的。第二，只要我们对货币理论的最基本问题没有更清楚的认识，只要在基本理论问题上没有达成一致，我们就不能彻底地重建我们的货币体系，特别是用一种或多或少被随意管理的货币取代半自主的金本位制，更是如此。"事实上，我担心在目前的认知状态下，与这种尝试有关的风险远远大于金本位可能造成的危害。"（参考本书第 110 页）[①]

[①] 今天看来，哈耶克的这一判断不一定对。在凯恩斯所极力主张的废除金本位

通过上述四讲环环相扣的理论分析和探微，哈耶克得出他最后的结论："当一个国家采取一定措施，将对货品的需求从生产者那里转移到消费者那里，可能造成资本化生产结构的持续萎缩，从而导致萧条期延长。这可能适用于一般公共支出的增加，也可能适用于特定形式的税收或特定形式的公共支出。当然，在这种情况下，对货币体系的任何干预都无济于事。只有彻底改变国家政策才能提供补救措施。"（参考本书第111页）

三、哈耶克的《价格与生产》的影响、批评、命运及现实意义

哈耶克的《价格与生产》在1931年12月出版（第一版）后，在英美经济学界立刻引起了巨大的轰动。当时一位马克思主义经济学家约翰·斯特拉奇（John Strachey）曾指出，哈耶克《价格与生产》的出版，"就像冲入英美经济学家视野中的一颗新彗星"（Strachey, 1935, p. 58）。这本书一出版，就被经济学界广泛关注并产生巨大的影响，究其原因，除了这本书提出了哈耶克自己的关于资本主义经济中的商业周期的新理论解释外，其问世也是当时世界经济时之所需。因为，1929—1933年世界性的经济大萧条，先从美国爆发，接着对世界经济产生了巨大的冲击，也自然引起世界各国经济

制货币制度的建议被西方各国政府——尤其是美国政府——接受后，确实对美国和世界经济从1929—1933年的大萧条中恢复出来起了一定的作用，连米尔顿·弗里德曼（Milton Friedman, 1912—2006）和本·伯南克（Ben Bernanke, 1953—）后来也认识到并充分肯定了这一点。

学家们的广泛注意,并纷纷提出各种各样的理论解释和经济政策以及应对措施。正如英国经济学家、1972年诺贝尔经济学奖得主约翰·希克斯(John Hicks,1904—1989)在后来所回忆的那样,这本小册子之所以引起人们的广泛关注,主要是它的问世来得"恰到好处——当时,世界性经济大萧条的方方面面都暴露了出来——在那个时代,人们非常渴望了解有关经济波动的新知识"(Hicks,1967,p. 204)。哈耶克在伦敦政治经济学院以"价格与生产"为题的四次讲演,也给他的学术生涯带来了转折性的好运。正如此时该学院经济系主任莱昂内尔·罗宾斯所记述的那样:"他的讲演既难懂又令人兴奋。他给人的印象既十分博学,又有分析入微的创新性。让我大为吃惊的是,贝弗里奇(William Beveridge,1879—1963)问我,我们是否可以请这位老师来永久担任一直闲置的经济学与统计学图克讲座教授。他在投票中得到了全体一致的同意。"(Robbins,1971,p. 27)

哈耶克《价格与生产》的出版,也同样得到了一些经济学家同行们的研究、探讨乃至批评和商榷。在1933年的《计量经济学》杂志上,就发表了美国经济学家阿文·汉森(Alvin Hansen,1887—1975)和H. 陶特(H. Tout)专门评论哈耶克的经济周期理论的文章(Hansen & Tout,1933),总结出了哈耶克的经济周期理论的10大观点,并对哈耶克的主要观点进行了进一步的探讨和商榷。从收入《价格与生产》第二版哈耶克的"资本与工业波动"的回应文章中,可以看出,他对汉森和陶特对他的理论的归纳基本上还是认可和同意的,而他自己只是做了少许的解释和补充:"除了一个例外,我完全同意这种表述是对我的观点的中肯和准确总结。"(参考本书第

119页)特别值得注意的是,在对汉森和陶特的文章的回应中,哈耶克还特别指出:"在任何一个正在发展的社会中,投资的特定形式是由预期决定的,即预期在未来一段时间内,将会出现类似的投资资金流;在任何时候,只有一小部分可用于新投资的资金将用于启动新的过程,而其余部分被要求用于完成已经在进行的过程。"(参考本书第120页)很明显,哈耶克这时候已经明确地认识到一个经济体中的投资主要取决于企业家的预期,这就与凯恩斯在《通论》中所阐述的商业周期理论的核心观点几乎完全一致了。

尽管到这时哈耶克与凯恩斯在资本主义经济中的商业周期取决于企业家的投资和居民消费,而投资则取决于企业家预期这一点上他们的认识已经基本上完全一致了,但凯恩斯在《价格与生产》出版后,好像并没认真对待哈耶克这本书所提出的观点和理论(这可能主要是因为在凯恩斯的《货币论》出版后,哈耶克曾对这本书进行了尖锐的批评和商榷,甚至在某种程度上带着某些情感而对其嘲讽——以至于凯恩斯感到哈耶克本人一开始就没怀着好意读他这本书——从而引发了哈耶克和凯恩斯在20世纪30年代的理论大论战①),而是反唇相讥式地对哈耶克的这本书评价道:"在我看来,这

---

① 在1931年伦敦经济学院院刊《经济学人》(Economica)8月号杂志上所发表的一篇题为"对凯恩斯先生的货币纯理论的反思"的书评中,哈耶克却较强烈和尖锐地批评了凯恩斯这部写作了7年多的《货币论》,指责凯恩斯"完全忽略了魏克赛尔理论的一般基础"。哈耶克甚至用了一些带有情感性的攻击性词语来批评这部著作:"《货币论》很显然仅仅是知识急速发展中的一个转瞬即逝的表达,无非只是一个尝试而已,任何对它的高估都欠公平……";"对欧洲大陆的经济学家来说,这种研究方法并不如作者所认为的那样新颖……"。在其后的分析中,哈耶克还在多处说,凯恩斯的"表述艰涩难懂,不系统,也不清楚……",等等。在这篇书评的第一段最后,哈耶克对凯恩斯更是做了一些火药味十足评论,说"无论这里他是否取得了成功,也不管他是否受限

本书是我读过的包含着最可怕混乱的著作之一，前面的 45 页几乎没有任何站得住脚的前提，尽管它还是有点儿意思，有可能给读者头脑里留下这样一种印象：一个冷峻的逻辑学家从谬误起步，最后以极端混乱结束（end in Bedlam），此书可以作为一个难得的范例。"（Keynes, 1931, p. 394）

与凯恩斯对《价格与生产》的负面评价相反，20 世纪另一位伟大的经济学家约瑟夫·熊彼特则对此书作出了极高的评价。在其经济思想史巨著《经济分析史》中，熊彼特说，哈耶克在这些讲演中所阐发的自己的商业周期理论，"在英美经济学界广为流传，并获得了任何严格理论性著作都无法媲美的巨大成功，这个理论包括了计划和政策建议，论证极为严密。他们简直挑不出刺儿来，他们也知道，读者的好恶丝毫无损于它的说服力。随后倒是出现了强烈的批评性反应，但无非是想削弱它的巨大影响而已，而后来，经济学界干脆置之不理，转向了其他领袖人物，不再讨论这方面的话题了。这种社会心理状态实在有趣，非常值得研究"（Schumpeter, 1954, pp. 1120）。在这一段话的一个注脚中，熊彼特还特别追加道："在我们的时代，有许多其他的'理论'著作——如 E. H. 张伯伦（E. H. Chamberlin）的《垄断竞争》和希克斯的《价值与资本》——都取得了很大的成功，且历时甚久，因而最终影响也较大。但是它们却不像哈耶克的著作的成功那么光彩夺目。"（Schumpeter, 1954, pp. 1120—1121, note 11）

于他在理解'实际'经济学中的那些基本定理——而任何货币理论只能成功地建立在其上——时投入的精力不足，正如他所必须附带所伪饰的那样，这些问题须留待未来探讨"（Hayek, 1931, p.270）。

熊彼特之所以对哈耶克以"价格与生产"为题的四次讲演做出如此之高的评价，除了他与哈耶克早就熟识并同为奥地利的"同一国之老乡"外，哈耶克的这本小册子确实是一本逻辑严谨、理论自洽且比较接近现实的——但十分晦涩难懂的——抽象理论著作，故在当时对国际经济学界确实产生了巨大的影响。

自哈耶克《价格与生产》（1931年第一版，1935年第二版）出版后，约90年已经过去了。随着第二次世界大战后国际上经济学理论的迅猛发展，哈耶克的这本小册子似乎被经济学家们和社会各界所尘封起来，从而在很大程度上被人们所遗忘了。但是，在中国经济的当下经济格局和未来发展趋势中，重读哈耶克的这本小册子，在今天仍有一定理论和现实意义。从哈耶克在20世纪20年代末到40年代初所建构出来的奥地利学派的货币与商业周期理论来认识今天的中国经济格局、制度安排和发展趋势，也许能使我们从中得到一些新的认识和启示。

2024年2月15日（正月初六）夜初稿于绍兴三汇的书房中
2024年2月28日定稿于上海家中

参考文献

Caldwell, Bruce, 2004, *Hayek's Challenge*, Chicago: Chicago University Press.

Ebenstein, Alan, 2001, *Friedrich Hayek: A biography*, Cambridge: Cambridge University Press.

Gamble, Andrew: 1996, *Hayek: The Iron Cage of Liberty*, Cambridge: Polity Press.

Hansen, A & H. Tout, 1933, "Annual Survey of Business Cycle Theory: Investment and Saving in Business Cycle Theory", *Econometrica*, Vol. I, No. 2.

Hayek, F. A, 1926/1999, "Monetary Policy in the United State after the Recovery from the Crisis of 1920", in *Good Money*, Part I, ed. S. Kresge, vol.5 of *Collective Works*, Chicago: University Chicago Press.

Hayek, F. A, 1929/1931, "The Paradox of Saving", trans from German by Nicholas Kaldor and Georg Tugendhat, *Economica*, May, 1931, pp. 125-169.

Hayek, F. A., 1929/1933, *Monetary Theory and the Trade Cycle*, trans. by N. Kaldor and H. M. Croome, London: Johathan Cape. 中译本：哈耶克,《货币理论与商业周期》, 吴富佳等译, 北京: 商务印书馆。

Hayek, F. A., 1931a, "*Reflections on the Pure Theory of Money of Mr. J. M. Keynes*", *Economica*, No. 33, pp. 270-295.

Hayek, F. A., 1931b, "A Rejoinder to Mr. Keynes", *Economica*, No. 34, pp. 398-403.

Hayek, F. A., 1935, *Prices and Production*, 2nd ed., London: Longmans Green & Co..

Hayek, F. A., 1937, *Monetary Nationalism and International Stability*, London: Longmans.

Hayek, F. A., 1939/1975, *Profits, Interests and Investment and Other Essays on the Theory of Industrial Fluctuations*, Clifton, NJ: Augustus M. Kelley Publishers.

Hayek, F. A., 1941, *The Pure Theory of Capital*, Norwich: Jarrold and Sons.

Hayek, F. A., 1944, *The Road to Serfdom*, London: Routledge.

Hayek, F. A., 1944/2007, *The Road to Serfdom (The Collected Works of F. A. Hayek*, Vol. II), ed. by Bruce Caldwell, Chicago: The Chicago University Press.

Hayek, F. A., 1976, *Denationalism of Money*, London: The Institute of Economic Affaires.

Hayek, F. A., 1984, *Introduction to Money, Capital and Fluctuations: Early Essays*, ed., by Roy McCloughry, London: Routledge & Kegan Paul.

Hicks, John, 1967, *Critical Essays in Monetary Theory*, Oxford: Oxford University Press.

Joplin, Thomas, 1832, An Analysis and History of the Currency Question, London: Ridgway.

Keynes, John Maynard, 1930, *A Treatise on Money*, 2 vols., in 2012, *The Collected Writings of John Maynard Keynes*, Vol. VI. & VII., Cambridge: Cambridge University Press.

Keynes, John Maynard, 1931, "The Pure Theory of Money: A Reply to Dr. Hayek", *Economica*, No. 34, pp. 387–397.

Keynes, John Maynard, 1936/2013, *The General Theory of Employment*, Interest and Money, in *The Collected Writings of John Maynard Keynes*, Vol. VII., Cambridge: Cambridge University Press.

Mises, Ludwig von, 1912/1981, *The Theory of Money and Credit*, New York: Liberty Fund.

Robbins, Lionel, 1971, *Autobiography of an Economist*, London: Macmillan.

Rothbard, Murray, N., 1963/2000, *American's Great Depression*, 5th ed., Mises Institute.

Schumpeter, Joseph, 1954, *History of Economic Analysis*, London: Allen & Unwin.

Strachey, John, 1935, *The Nature of Capitalist Crisis*, London: Victor, Gollancz.

马克思, 卡尔, 1894/2018,《资本论》, 第三卷, 北京: 人民出版社。

韦森, 2014,《重读哈耶克》, 北京: 中信出版社。

韦森, 2016, "知识在社会中的应用和误用: 从哈耶克的知识分工理论看人类社会的货币控制",《学术月刊》第 2 期。

韦森, 2021, "奥地利学派的货币与商业周期理论",《经济思想史学刊》第 1 期。

目　录

前言 ································· 莱昂内尔·罗宾斯　1
第一版序 ··· 6
第二版序 ··· 8
第一讲　货币对价格影响的理论 ························· 14
第二讲　消费品生产与生产品生产之间的均衡条件 ········· 38
第三讲　价格机制在信贷周期中的作用 ··················· 66
第三讲附录　上一讲中提出的学说的发展史的相关注释 ····· 89
第四讲　支持和反对"弹性"货币的理由 ··················· 94
第四讲附录　关于"中性货币"的补充评述 ················ 112
附录　资本和产业波动：对批评的回应 ··················· 116

前　　言

经济均衡纯理论是 19 世纪经济学的伟大成就,但它对商业萧条没有任何解释。它解释了有利于经济体系稳定的趋势,也解释了在面对外部变化时做出调整的力量,但并没有解释周期性失衡的发生。在有序适应(orderly adaptation)的意义上,它并不排除波动的可能性。但是,它并没有解释经济体系中存在的有益于不成比例的发展的倾向。它也没有解释导致偏离(away from)"理想"均衡的趋势的存在。

因此,为了解释这些趋势,有必要援引该理论没有考虑到的因素。有必要证明,在经济体系中存在着经济均衡纯理论没有考虑到其发挥作用的因素。在这些因素中,最明显的是现行支付手段的数量或"效率"的波动,即习惯上称之为"货币因素"。几乎不言自明的是,货币数量或货币"效率"的波动必然会使均衡趋势的运行复杂化。在经济均衡纯理论中,消费者手中的消费能力是通过一般生产过程获得的。他们可以自由地花在商品上的钱,由于其他商品的生产而被释放出来。收入随边际净产品的价值而波动。在这种情况下,很难看出怎么会出现普遍的失衡。但是,如果消费能力因国家印钞机的运转或中央银行信贷创造的操纵而发生变化,一种新的局面就会产生。现在已经具备了一些消费能力,而这些能力并没有通过其他商品的生产而释放出来。反映在均衡方程中的力量不再单独决定生产者的货币收入。不再能保证保持均衡。

这就是一条线索，它是所有试图用货币解释周期性波动的合理基础。不幸的是，迄今为止，正如哈耶克博士所表明的那样，[①]"大多数这样的尝试都没有成功"。由于过分关注货币价值（value）而受到误导，他们只把注意力集中在所谓的一般价格水平变化的原因和影响上，而忽略了货币供给（supply）变化的影响这一更为根本的问题。在这样做的过程中，他们完全没有提出一种理论来解释"真实的"生产结构中的那些变化，正如我们所知，这些变化是商业波动最典型的特征。简而言之，货币理论过于货币化了。他们把货币因素的波动仅仅看作是一般的和肤浅的现象，而完全未能使货币理论与生产理论相协调。

但有一类货币理论不受这些限制。近年来，在梅耶（Mayer）教授和米塞斯（Mises）教授的领导下，维也纳学派（the School of Vienna）经历了如此惊人的复兴，给科学界带来了又一项持久的义务。米塞斯教授和哈耶克博士在庞巴维克的（Böhm-Bawerkian）资本理论和维克塞尔关于货币利率与均衡利率差异的理论的基础上，提出了一些先进的理论，尽管这些理论属于货币解释的一般范畴，但似乎完全没有一般货币解释所具有的缺陷。他们在解释货币供给量波动的影响时，与其说是从一般价格水平的波动来解释，不如说是从相对价格的波动以及由此产生的对所谓生产"时

---

① 参见第一讲，以及《货币理论与经济理论》（*Geldtheorie und Konjunkturtheorie*）第二章和第三章。

间结构"的影响来解释。这样，他们成功地将 R. G. 霍特里（R. G. Hawtrey）先生所解释的信用体系的事实与卡塞尔（Cassel）和斯皮霍夫（Spiethoff）等经济学家所观察到的商业周期的"真实"比例失调现象协调起来。

我不认为过去的这些理论在这个国家受到了足够的重视。庞巴维克的著作被译为英文，但很少有人去读。[①]［我相信，人们普遍认为马歇尔（Marshall）在脚注中把他处理掉了[②]］直到前几天，维克塞尔几乎是闻所未闻的；即使到现在，他的巨著《国民经济学讲义》（*Vorlesungen über Nationalökonomie*）［比突然成名的《利息与价格》（*Geldzins and güterprese*）在时间上晚得多，在理论上也精炼得多］仍未被发现。而且，除了某所学校的校友，我怀疑这个国家里是否有五六个人读过米塞斯教授的不朽巨著《货币论》（*On Money*），自 1912 年，他向欧洲大陆的一年级学生解释了"被迫储蓄"（the forced saving）的概念和货币利率与均衡利率不协调的概念，更不用说外汇交易的"购买力平价"（purchasing power parity）理论中所有正确的东西，以及后来被其他人重新发现的许多其他美好的东西。我希望，站在这一伟大传统的中流的哈耶克博士的《讲义》（*Lectures*，指本书）的出版，将会使英国读者相信，这是一个思想流派，如果忽视它，代价就是失去与可能被证明是我们这个时代最富有成果的科学发展之一的联系。

---

① 不幸的是只有第一版。第四版，连同它的新一卷批判性论述，也许是整个《经济理论》（*Economic Theory*）文献中最著名的辩证法成就，但对于那些认为不值得学习德语的讲英语的经济学家来说，仍然是无法理解的。

② 我敢肯定，马歇尔并不持有这种信念。

至于实际的讲座，我不想再详述了。它们自己会说话。酒香不怕巷子深，哈耶克博士提供了一份让所有真正的经济学家都会为之流连的佳酿。我只能说，就深刻的理论洞察力和开拓全新视野的力量而言，我所知道的战后出版的英文同类著作中，只有一本可以与之相媲美，那就是丹尼斯·罗伯逊（Dennis Robertson）先生的《银行政策与价格水平》(*Banking Policy and the Price Level*)。说英语的读者会知道，没有比这更高的赞美了。我并不认为哈耶克博士已经解开了周期性波动的所有谜题。我相信，哈耶克博士本人将是第一个否定这种建议的人。但我确实认为，他有一些超前的考虑，今后就这个问题进行的任何工作，都必须非常认真地加以考虑。

关于他的理论的实际意义，哈耶克博士本着真正的科学精神，提出了非常谦虚的主张。他并没有声称要为货币体系的所有弊端提供一种一成不变的疗法。事实上，他不厌其烦地一再否认他有任何为实践提出积极建议的意图，只是声称他所说的话可能会使我们对当今普遍流行的轻率的改革建议更加怀疑。但无论如何，很难否认他的贡献的所有解释的（interpretive）价值。我不得不说，在我看来，它似乎比我所知道的任何其他解释都更符合美国经济衰退的某些事实。我不认为这完全是偶然，由哈耶克博士担任所长的奥地利经济学研究所（Institut für Konjunkturforschung），是在 1929 年春预言美国经济的衰退会对欧洲的形势产生有害影响的极少数同类机构之一。大多数货币理论家似乎完全未能正确地理解大萧条来临之前在美国起作用的力量的性质，他们显然认为价格水平的相对稳定表明了一种必然不受有害的货币影响的状态。哈耶克博士是奥地利理论的杰出代表,他至少可以宣称自己有这样的优点:任何真正理解其主要原则的人,都不会有片刻怀有徒劳的错觉。

莱昂内尔·罗宾斯(Lionel Robbins)
伦敦经济学院
1931年6月

第 一 版 序

尽管比较幼稚的通货膨胀论（inflationism）在今天已不足信，短期内不会造成太大的伤害，但当今经济思想仍然充斥着一种更微妙的通货膨胀论，以至于我们担心，在一段时间内，我们将不得不忍受对货币和信用进行大量危险篡改的后果。我相信，在这一领域中被普遍接受的一些学说甚至也没有别的根据，只不过是不加批判地把个人的经验应用到一般社会问题上，认为所需要的是更多的货币。在接下来的文章中，我的任务之一将是试图证明，要求一种随"需求"的每一次波动而扩展或收缩的"弹性"货币的呼声，是基于一个严重的推理错误。

以以下形式呈现的讲义得益于伦敦大学校务委员会的慷慨邀请，在1930—1931学年期间举办的四次高级经济学的讲座。它们部分是对我在过去三年中用德语出版的一本书和发表的两篇期刊文章中概述的理论的重述，[①] 主要是对这些理论的扩展。这里讨论的特定问题是从这些出版物所涉及的更多领域中挑选出来的，由于这样一种印象，英美文献在这个主题上缺乏某些主导概念，而这些

---

① 《货币理论与经济理论》（*Geldtheorie und Konjunkturtheorie*），维也纳，1929年。"价格的跨期均衡体系与货币价值的变动"（Das intertemporale Gleichgewichtssystem der Preise und die Bewegung des Geldwertes），《世界经济档案》第二十五卷，1929年，《国民经济》杂志，第一卷，1930年。

概念在欧洲大陆和斯堪的纳维亚半岛——可能是由于欧根·冯·庞巴维克（Eugen von Böhm-Bawerk）在这些地区的影响更大——已经得到了更多的探索，其已被证明是非常有用的。因此，我只谈那些我认为在大多数英美著作中被过分忽视的话题——这些话题似乎在关于这一主题的最新著作中也被忽视了，J. M. 凯恩斯（J. M. Keynes）先生的那本非常有启发性的《货币论》(*Treatise on Money*)，是在这些讲座即将结束时才送到我手中的，对我来说太晚了，已经来不及经常引用它，否则我就想要更多地引用。我希望，通过强调这些被忽视的观点，我已经间接地证明了近年来一些非常突出的某些理论的缺陷，并展示了这些理论的主人公提出的各种社会弊病的补救办法中的一些危险。

我特别希望，在向或高或低程度的资本主义生产方式过渡的过程中，对价格机制运行的分析（这是在第三次讲座中的尝试）将填补一个空白，这个空白的存在无疑使这里采取的整个方法不如以前那么令人信服。对于最后一次讲座，我不是太有信心。它试探性进入的领域很少有人探索，而且特别困难。在这里我只能重复我在那次讲座中坚持的观点，即我深信，我们距离我们对这些问题的了解足以证明对传统货币政策进行任何改变的那一天还很遥远。

我想借此机会向艾伯特·G. 哈特（Albert G. Hart）先生表示感谢，在我起草这些讲座的英文原稿时，他给予了我许多有益的建议。然而，我主要要感谢莱昂内尔·罗宾斯（Lionel Robbins）教授，我感谢他付出了大量的辛勤劳动，将手稿整理成适合出版的形式，并最终出版。

弗里德里希·A. 哈耶克

第 二 版 序

　　本书得以问世，源于伦敦大学邀请我在 1930 年至 1931 年的学期中向该校主修经济学的高年级学生所做的四场讲座，其初版实际上就是逐字复制了这些讲稿。这次邀请为我提供了一个难得的机会，可以将我对当时正在热议的理论经济学的见解介绍给英国听众；当时，我对产业波动理论的轮廓已有清晰的观点，但还没有对它进行全面详细的论述，甚至还没有意识到这种阐述将会遇到的这一切困难。此外，我的阐述仅限于在这四场讲座时间内所能讲述的内容，这不可避免会导致过于简单化的问题，这一问题很可能比在其他情况下更为明显，我对此感到惭愧。尽管我现在比本书第一次出版时更清楚这一阐述存在的缺陷，但是能在对其进行完善前更早地将这些见解予以发表，对我来说是如此不可抗拒的诱惑，对其得以实现，我只能深感欣慰。我希望从本书出版所引发的批评和讨论中所获得的益处，会比我独自继续研究这些问题所获得的益处更大，以便使以后的阐述更加圆满。但是，对这些问题进行更彻底的论述的时机尚未到来。我从提早出版中得到的主要收获，或许是清楚地认识到，在我希望进一步阐明本书所讨论的主要问题之前，有必要对我试图建立理论的基础进行更精心的阐述。我在本书中自由地大量引用"奥地利"资本理论的主要命题，而与科学界学者的接触中，我发现他们并不像我一样倾向于将这些命题视为理所当然。这并不是说这些命题是错误的，也不是说这些命题对于我要完成的任务没有我想象的那么重要，而是说它们必须得到更加详细的阐述，必须更加紧密地切合现实生活的复杂条件，然后才能提供一个完全令人满意的方式来解释我所研究的特别复杂的现象。这是在本书所阐述的论题得到进一步有效发展之前必须完成的任务。

在这种情况下，当有人提出需要本书的新版本时，我觉得既不准备通过重写和扩展它的范围来对所讨论的问题进行完整充分的阐释，也不愿看到它以完全不变的形式再次出版。由于原有论述过于简化曾引起许多不必要的误解，如果对其稍做充分阐述，应可以避免这些误解，因此似乎迫切需要增补一些内容。对此我选择了一个折中的方法，即在总体上不做改变，仅在原文最必要的地方插入一些进一步的说明和细化。在英文第一版发行几个月后出版的德文版中已经包括了不少此类增补。其余的增补是从近三年里我为本书的主要论点做阐释和辩护而写的一系列论文中摘引过来的。然而，要在本书中试图编入所有这些论文是不可能的，如果读者想查阅这些论文，可以在脚注所列出的文献中找到。[1]

---

[1] "货币纯理论：对凯恩斯先生的再答辩"（"The Pure Theory of Money, A Rejoinder to Mr. Keynes"），《经济学刊》（*Economica*），1931年11月；"货币和资本：对斯拉法先生的答复"（"Money and Capital, A Reply to Mr. Sraffa"），《经济学杂志》（*Economic Journal*），1932年6月；"资本论"（"Kapitalaufzehrung"），《世界经济档案》（*Weltwirtschaftliches Archiv*），1932年7月；"'被迫储蓄'学说发展的札记"（"A Note on the Development of the Doctrine of 'Forced Saving'"），《经济学季刊》（*Quarterly Journal of Economics*），1932年11月；"经济研究的现状和未来"（"Der Stand und die nächste Zukunft der Konjunkturforschung"），《阿瑟·斯皮特霍夫纪念文集》（*Festschrift für Arthur Spiethoff*），慕尼黑，1933；"关于中性货币"（"Über neutrales Geld"），《国

通过这些修改，我希望至少能消除本书在初版中似乎已经形成的一些困难。其他困难是由以下实际情况导致的：即本书在某种程度上是我在其他出版物上发表的一些论证的延续，而这些文章在本书初版时只有德语版。现在，这些文章的英文译本已陆续出版[①]，读者从中可以发现，它们解释了以下讨论中隐含而非明确陈述的一些假设。

然而，本书对大多数读者呈现出的一些实际困难，并不能通过上述任何一种修改而得以消除，我完全意识到了这些困难，因为它们是本书所采用的说明方式所无法避免的。在这方面，除了用一本全新的书取代本书之外，我所能做的就是提前唤起读者注意这一特殊困难，并解释为什么必须采用导致这种困难的说明方式。这一点更加必要，因为这种说明方式带来的不可弥补的缺陷，比其他任何单一的问题所造成的误解还要多。

简而言之，问题的关键在于，考虑到时间的因素，我有必要在这些讲座中同时探讨伴随着资本数量变化而产生的生产结构的实际变化，以及导致这些变化的货币机制。这只有在高度简化的假设下才有可能，即假设：对资本品（capital goods）的货币需求的任何变化，与促其发生的对资本品的总需求的变化成正比。在需求决定资本品价值的意义上，现在对资本品的"需求"，当然不是仅仅或甚至主要存在于任何市场上体现的需求，而是在更大程度上存在于

民经济杂志》（*Zeitschrift für Nationalökonomie*），第四卷，1933 年 10 月；"资本和产业波动"（"Capital and Industrial Fluctuations"），《计量经济学》（*Econometrica*），第二卷，1934 年 4 月；"论投资与产出的关系"（"On the Relationship between Investment and Output"），《经济学杂志》，1934 年 6 月。

① 《货币理论与商业周期》（*Monetary Theory and the Trade Cycle*），伦敦，1933 年；"储蓄的'悖论'"（"The 'Paradox' of Saving"），《经济学刊》，1931 年 5 月。

继续持有资本品一段时间的需求或意愿。关于对资本品的总需求与在任何时期市场上表现出来的对资本品的货币需求之间的关系，我们无法做出一般性的陈述，而且与我所讨论的"这种数量关系实际上究竟是什么"这一问题不是特别相关。然而，对我要达到的目的而言，最重要的是要强调，对资本品的货币需求的任何变化，不能被视为只是在新资本品的某个孤立的市场上感受到的变化，而应被理解为足以影响资本品的普遍需求的变化，而这种变化正是维持特定生产结构过程的关键所在。在这方面，我所能做出的最简单的假设是，假定对资本品的货币需求与总需求之间存在一种固定的关系，从而使在单位时间段内花在资本财货上的货币数量恰好等于现有资本品存量的价值。

我仍然认为这个假设对达到我的主要目的非常有用，但经证明，它在另外两个同样重要的方面容易产生误解。首先，它使我们不可能对耐久品（durable goods）进行充分的研究。我们不可能假定，包含在耐久品中的且随时等待被利用的潜在服务，会有规律地在定期时间间隔转手。这意味着，一旦涉及货币机制的特殊实例，我不得不把耐久品简单地排除在外。我并不认为这是一个太严重的缺陷，特别是我感觉到——我想这并不是没有根据的——流动资本的作用被人们忽视了，因此，当它与固定资本的作用相比时，我就想着重强调一下。但我现在意识到，应该适当地预告，以说明我提出这一假设的确切理由和它所起的作用，而且对于我在第一版最后一刻因注意到论证可能带来的难题而插入的脚注（第37页，注释2），我担心其不但没有起到澄清观点的作用，反而混淆了视听。

对于分成各个等长的生产"阶段"这种假设的第二个影响是，

它使我对货币流通速度的问题只能进行某些片面的讨论。这或多或少意味着，货币以一个恒定流通速度依次通过各个阶段，这个速度相当于货品（goods）在生产过程中的行进速度，无论如何，这没有考虑到流通速度的变化或在不同阶段持有的现金余额。只要维持这一假设，就不可能明确讨论货币流通速度的变化，这将加深一种误导性印象，即认为我所讨论的现象只是由货币性质（quality of money）的实际变化引起，而不是由货币流量的每一变化引起的。而在现实世界中，由于货币流通速度的变化所引起的货币流量的变化如果不比货币实际数量的变化所引起的这一变化更为频繁的话，至少同样频繁。有人让我考虑，如果以这种方式忽略持有货币余额的意愿发生变化的现象，那么，对货币问题的任何讨论都不可能做出有什么价值的贡献。虽然我认为这个观点有些言过其实，但我对这方面还是想强调一下，本书实际上只认真讨论了全部货币理论领域中的一小部分。我对本书的全部要求是，希望讨论可能比任何其他方面都更容易被忽视和误解的那个方面，由于人们对该方面的理解不充分，曾导致特别严重的错误。而把这个论证纳入货币理论体系，是一项尚未进行的任务，这也是我在这里不能也没有尝试去做的任务。但我大概可以补充说，就货币的一般理论（与资本纯理论不同）而言，当我试图在一个理论框架内阐述一个特定观点，米塞斯（Mises）教授[①]的著作远比克努特·维克塞尔（Knut Wicksell）的

[①] 特别参见他的《货币与信用理论》（*Theorie des Geldes und der Umlaufsmittel*），1912 年首次出版，现在幸而有英文译本：米塞斯，《货币理论》（*The Theory of Money*），伦敦（乔纳森-开普），1934 年。也可参见我的《货币理论与商业周期》，伦敦，1933 年，该书更关注货币因素引起的商业周期，而本书主要致力于研究构成商业周期的实际现象。

第 二 版 序

著作更能提供这一理论框架。

除了要感恩这一伟大智慧的恩泽外,我想再度重申第一版序言里提到的感谢之意,本书的完成和问世不仅应归功于资本理论领域的优良传统,这个传统与杰文斯(W. S. Jevons)、庞巴维克和维克塞尔是分不开的,而且我要对帮助我准备这些讲座的诸位表示特别的谢忱,目前在芝加哥大学任教的阿尔伯特·哈特(Albert G. Hart)先生,在我起草这些讲座的英文原稿时,他给予我不少有益的建议,特别是莱昂内尔·罗宾斯(Lionel Robbins)教授,在本书初版发行前,他承担了大量的工作,把原稿整理成适合出版的形式,并一直关注它至付印完成,与此同时,他非常慷慨地为完成我所有英文书的出版给予帮助,包括本书的第二版,在此我对他表示衷心的感谢。

弗里德里希·A.哈耶克
伦敦政治经济学院
1934年8月

第一讲　货币对价格影响的理论

> "他清楚地意识到，货币的充斥使一切都变得昂贵，但他没有分析这是如何发生的。这种分析的最大困难在于发现货币的增长是通过什么途径和以什么比例提高了物价。"
>
> 〔爱尔兰〕理查德·坎蒂隆（Richard Cantillon，逝世于1734年）
>
> 《商业性质概论》，第2卷，第6页

一

在决定生产的数量和方向上，货币的影响起着主导作用，这可能是当前一代人比以往任何一代人都更熟悉的真理。（第一次）世界大战期间和战后通货膨胀的经验，以及恢复金本位制的经验，特别是在英国，通过紧缩通货来实现金本位制的经验，充分证明了每一种生产活动对货币的依赖。近年有关稳定货币价值的可取性和可行性的广泛讨论，主要是由于人们对上述事实的普遍认识。目前，许多有识之士认为，造成当前全球经济萧条的原因是黄金短缺，因此，他们相应地想寻求货币手段来克服这一问题。

然而，如果有人问，这些年来，至少直到最近，对货币与价格之间关系的理解是否取得了长足的进步？或者被普遍接受的关于这方面的学说是否远远超过一百年前人们普遍认知的学说？我倾向于给出否定的答案。这似乎有点自相矛盾，但我想任何研究过十九世纪上半叶货币理论文献的人都会同意，当代货币理论中几乎没有任何观点是那个时期的学者所不知道的。也许当今大多数经济学家会申辩，进步之所以如此之小，是因为货币理论已经达到了如此完善的程度，深一层的进步必然是缓慢的。但我坚持认为情况似乎是这样的：这一领域的一些最根本的问题仍然没有得到解决，一些公认的学说的合理性令人怀疑，我们甚至没有对那些早期学者著作中给出的改进建议加以阐释。

如果这是真的，而且我希望使你们确信这是真的，那么，还没有发现过去十五年的历程中有更多的成果，这当然有些令人吃惊。在过去，货币扰动时期总是经济学这个分支取得巨大进步的时期。十六世纪的意大利被称为货币状况最糟糕的和货币理论最好的国家。如果说最近情况并非如此，那么在我看来，原因似乎在于大多数经济学家对适当的经济学方法的态度发生了某种变化，这种变化在许多方面被誉为一种巨大的进步：我指的是试图用定量研究方法取代定性研究方法。在货币理论领域，即使是那些普遍排斥"新"观点的经济学家也做出了这种改变，事实上，定量研究方法在其他地方流行起来之前几年，就有几个经济学家已经做出了这种改变。

二

最著名的例子，也是与此最相关的，是大约二十年前欧文·费雪（Irving Fisher）在其著名的"交易方程式"（equation of exchange）中以更数学化的形式使货币价值的数量学说复兴。这一学说把数学公式用作统计验证的工具，是所谓"数量"经济学的一个典型实例，而且它的确可能在很大程度上影响了当前这一学派的代表人物所用的方法，这些都是不可否认的。我不打算对这一学说的合理内容提出异议，我甚至愿意承认，就其本身而言，它是正确的，并承认，从实践的观点看，如果一般公众再也不相信数量学说的基本命题，那将是我们所遭遇的最糟糕的事情之一。我所不满的，不仅在于数量学说以各种形式过度地侵占了货币理论的中心地位，而且在于这个学说所产生的观点对货币理论的进一步发展确实构成了阻碍。这个特殊学说的重要危害还在于，造成当前货币理论与一般经济理论的主体相脱离的状态。

长久以来我们使用不同的方法来解释价值，并且认为价值的存在与任何货币的影响无关，对于货币对各种价格的影响，也必然不会解释为其他不同关系。而且，如果我们试图在货币总量、一般价格水平，乃至生产总量之间建立直接的因果关系，那情况也同样如此。因为上述这些总量本身从未对个人的决策产生影响；然而，非货币经济理论的主要命题正是基于对个人决策的认识的假设。我们对经济现象所持的任何理解，都是借助于这种"个人主义"的方法；现代"主观派"理论在持久的实际应用方面已超越古典学派，这或许是它胜过古典学派学说的主要优势所在。

因此，如果货币理论仍然试图在总量或总平均数之间建立因果关系，则意味着货币理论滞后于一般经济学的发展。事实上，无论是总量还是平均数之间都不会相互起作用，而且我们在它们之间，永远不可能像在诸如个别现象和个别价格之间那样建立必然的因果关系。我甚至可以断言，从经济理论的本质出发，平均数永远不可能在理论推理中构成一个联系环节；但要证明这一论点，将远远超出这些讲座的主题。在这里，我将仅限于试图说明，在经济理论的一个特定领域中，运用这些概念的论证和不运用这些概念的论证将会产生的差异。

三

正如上文所述，我并不想对这些理论学说本身进行批判，我只是指出它们的特点，以便日后能够说明另一种类型的理论在多大程度上可能取得更大的成就。这些理论主要关注的是一般价格水平的变动。现在大家都同意，如果所有广义的价格都同时受到同等程度的影响，那么，价格的变动就无关紧要。但是，这类理论的主要关注点是明确的，其所假定的"趋势是，在同一时间和同一方向上，对所有价格施加同等程度的或无论如何都均等的影响"。[①] 而且，只有在货币数量变动与平均价格之间的所谓因果关系确定之后，才考虑对相对价格的影响。但是，由于他们通常总是假设，货币数量的变动只影响一般价格水平，而相对价格的变动是由于"扰动因素"或"摩擦"造成的，因此，相对价格的变动不是对价格水平变动的这一解释的因素。相对价格的变动只是附带的情况，从经验中得知

---

① 这是霍特里（R. G. Hawtrey）的表述。参见他"论货币和指数"（"Money and Index Numbers"）的演讲，载于《皇家统计学会杂志》（*Journal of the Royal Statistical Society*），第 93 卷，第一部分，1930 年，第 65 页。

它们经常与价格水平的变动联系在一起,而不像人们可能认为的那样是同一原因的必然后果。从其解释的形式和所采用的概念来看,这一点是非常明显的。他们也曾发现在各个价格的变动之间存在着一定的"时滞"(lags)。他们通常认为,不同商品的价格一般按照一定顺序受到影响,并且总是意味着,如果一般价格水平没有变动,这一切就不会发生。

当我们来理解这一理论设想的价格影响生产的方式时,也会发现同样的一般特征。它就是价格水平,人们认为其变动影响生产;而且估计其影响不是对特定生产部门的影响,而是对一般生产量的影响。在大多数情况下,该理论并没有试图说明发生这种影响的原因;我们所看到的只是显示出过去一般价格与生产总量之间存在高度相关性的统计数据。如果试图对这种相关性做出解释,通常只是简单地归结,期望以高于目前成本的价格销售会诱使每个人去扩大生产,反之,对将来被迫以低于成本的价格销售的担忧将有力地阻止生产的扩张。也就是说,它所考虑的只是一般价格或平均价格的变动。

因此,所谓相对价格的变动和产量的变动是价格水平变动的结果,以及所谓货币只是通过对一般价格水平的影响来影响个别价格,在我看来,这些观点至少是以下三个非常错误的观点的根源:首先,认为只有在一般价格水平发生变动时,货币才会对价格和生产产生影响,因此,如果价格水平保持稳定,则价格和生产总是不受货币的影响,即处于"自然"水平;其次,认为价格水平的上升往往会引起生产的增加,而价格水平的下降则总是引起生产的减少;最后,认为"货币理论甚至可以被描述为不过是关于货币价值如何被决定的理论"。[①] 正如将看到的那样,在这些错误观点的引导下,我们有可能认为,只要货币价值是稳定的,就可以忽略货币的影响,进而不加更多限制地应用只注重"真实原因"的一般经济理论的推理,并且,为了对现代经济进程做出全面的阐释,我们只能在一般经济理论之外增加一个单独的关于货币价值及其变动结果的理论。

无需进一步的细节描述。因为你们都非常熟悉这类理论,可以自行补充这些理论,并纠正我在努力使其与其他类型的学说形成尽可能突出的对比时可能犯下的任何夸大之处。任何进一步的强化对比,最好在我即将谈到的货币理论发展的第二个主要阶段来完成。在我谈到这个阶段以前,我只想强调,今后当我提到发展的各个阶段时,我并不是说每一个阶段会逐次取代上一个阶段成为公认的学说。恰恰相反,每一个阶段在当代货币理论家中都仍有其代表,而且实际上,上一个阶段很可能仍然拥有最多的追随者。

四

正如可以预料的那样,货币理论发展的第二阶段是由于对第一阶段的不满而发生的。这种不满情绪很早就显现出来了。在十七世纪末,洛克(Locke)和蒙塔纳里(Montanari)已经非常清晰地阐述了我一直在讨论的理论。理查德·坎蒂隆对洛克的批评被我作为这次演讲的格言,坎蒂隆已意识到该理论的不足,并在他著名的《商业论文集》(*Essai sur le Commerce*,1755年出版)中,提出了

---

① 霍特里,见前引文,第64页。

我所知的第一次尝试，探讨货币数量和价格之间的实际因果链。该论文集的一个精彩章节被杰文斯称之为"书中最令人惊奇处之一"，在其中坎蒂隆试图说明"货币的增加通过何种途径和以什么比例提高了物品的价格"。从假设发现新的金矿或银矿出发，坎蒂隆进一步说明，贵金属额外增加的供给如何首先使与其生产有关的所有人的收入增加，这些人支出的增加随后如何增加他们的购买数量从而提高货品的价格，这些货品价格的上涨又如何使这些物品的卖方的收入增加，卖方又如何增加其支出，等等。他的结论是，只有那些收入增加较早的人才能从货币增加中受益，而对于收入增加较晚的人来说，货币数量的增加是有害的。

更为人所知的是大卫·休谟（David Hume）稍后在其《政治论文集》（*Political Discourses*）[①] 著名的一节中对同一观点的简短阐述。该阐述与坎蒂隆的词句如此相似，以至于人们很难相信他没有看到《商业论文集》的某一种手稿，据说这些手稿在休谟撰写《政治论文集》之时就已经在私下流传。然而，休谟明确表示，他认为，"只有在获得货币和价格上涨之间的间隔期或中间过渡状态下，金银数量的增加才有利于工业"。

对于古典学者来说，这种推理方式似乎并不容易改进。虽然人们经常引用休谟的话，但他的研究方法在一个多世纪的时间里都没有得到推广。直到加利福尼亚和澳大利亚发现金矿并导致黄金供给增加，这种分析才有了新的动力。在坎蒂隆和休谟的论点最终被

[①] 1752 年出版，曾作为他的《伦理、政治和文学论文集》（*Essays Moral, Political and Literary*）的部分（第 2 编，第 4 篇，论货币）再版，最初该书出版于 1742 年，因此经常被错误地引用为该日期。

纳入基于主观价值理论的更现代的解释之前，对这些论证最值得注意的改进也许包含在凯恩斯(J. E. Cairnes)的题为"关于澳大利亚黄金发现"的文章①中。

不可避免的是，现代理论会趋向于赞同这样一种观点，即从个人决策的影响方面来探求货币增长效应。但还是经过了一代人的时间，才有人开始认真地尝试根据边际效用理论的基本概念来解释货币的价值和货币数量变化的影响。在此，我不去占用篇幅详述不同的现代理论解释货币价值所采用的各种形式，这些解释都建立在决定个人对货币需求的主观因素之上。由米塞斯教授的努力而得到公认的这一理论的形式，已经属于我们所讨论的主要发展阶段的第三和第四阶段，我稍后将有机会提及。然而，值得注意的是，这些理论只限于解释货币数量增加的影响会分布在各种贸易途径中，对于这一点，它们仍然存在一个很大的缺陷。虽然它们成功地提供了一个总体方案，使我们只要知道新增的货币从何处投入流通，便可以推断出货币数额增加或减少的相继影响，但它们无助于我们就货币数额的任何变化必然产生的影响做出任何普遍性的陈述。因为，正如我稍后将要说明的那样，一切都取决于新增货币注入流通的起点（或货币从流通中退出的点），以及新增货币是首先投放到贸

---

① 关于"黄金问题解决方案"（"Solution of the Gold Question"）的论文，载于《政治经济学论文集：理论与应用》(*Essays in Political Economy, Theoretical and Applied*)，1873年，伦敦，特别是论文二："贬值的过程"（"The Course of Depreciation"）。这些文章最初发表于1855—1860年间的《弗雷泽杂志》(*Frazers Magazine*)和《爱丁堡评论》。值得一提的是，对这一领域的现代发展产生了决定性影响的卡尔·门格尔(Carl Menger)对凯恩斯的论述非常熟悉。关于这一点，参阅由伦敦经济学院编辑重印的《卡尔·门格尔的经济学作品集》(*The Collected Works of Carl Menger*)中第一卷我所作的引言。

易商和制造商手中，还是直接投放到国家雇员的手中，其影响可能会完全相反。

五

很早以前就出现了一种与货币的价值问题密切相关的学说，或者更确切地讲，是一系列此类学说，这些学说在刚开始时与货币的价值问题没有什么关系，其重要性在当时也没有得到重视，但它们最终被结合起来以填补我一直在讨论的空白。我所说的学说指的是货币数量对利率的影响，以及通过利率对两个方面［一方面，消费品（consumers' goods）；另一方面，生产品（producers' goods）或资本品（capital goods）］的相对需求的影响。它们构成了货币理论发展的第三阶段。这些学说必须克服异乎寻常的障碍和偏见，直到最近，它们才得到极少的关注。情况似乎是，经济学家长期以来一直在与货币价值本身和货币贷款价格之间的普遍混淆做斗争，以致他们全然看不出利率和货币价值之间存有任何关系。因此，值得尝试更详细地追踪探索这些理论的发展。

尽管人们很早就清楚认识到货币数量与利率之间存在着某种关系——洛克和杜托（Dutot）的著作中确实可以找到这种理解的痕迹——但据我所知，清晰阐明这一理论的第一位作者是亨利·桑顿（Henry Thornton）。1802 年，当人们正开始讨论银行纸币兑付限制法案时，桑顿发表了《大不列颠的纸币信用》（*Paper Credit of Great Britain*），首次展现了这个新理论的领先性（leading）。这本书确实是一项非凡的成就，其真正的重要性直到现在才开始被认识到。他发表上述理论是为了研究是否存在一个自然趋势,将英格兰银行的货币流通量保持在可足以防止危险的通货贬值的范围内。桑顿否认存在这种自然趋势,并认为,正好相反,如果英格兰银行只是将其利率保持在足够低的水平上,纸币流通量可能会扩大到超出所有规定的界限。他的意见是基于如此重要的考量,以至于我不得不占用篇幅来引述:

> "为了确定在任何时候向银行进行贷款的意愿预期可能达到的程度,我们必须研究在当时情况下从银行借款可能获得的利润额。这个问题可以通过考虑两个因素来判断:第一,对借款所付的利息数额;第二,利用借入资本获得的商业收益或其他收益。通过商业手段所能获得的收益通常是所能获得的最高收益,而且它在很大程度上也支配着所有其他情况下的收益率。因此,我们在考虑这个问题时,主要可以用银行借款利率与当时的商业利润率进行比较"[1](第287页)。

桑顿在《黄金问题报告》(*Bullion Report*)的两篇演讲词的第一篇中重申了这些理论,该报告也以小册子的形式出版[2],其地位理应得到恢复而不该被遗忘和湮没。利用这篇演说,他试图唤起

---

[1] 为了理解这一陈述的重要性,应当参考同一章早些时候的另一段文字(第261页)。在这个段落中,桑顿写道:"然而,一旦通货停止增加,就不再有额外的利润了。"

[2] 亨利·桑顿先生于1811年5月7日和14日,在英国下议院就黄金问题委员会的报告进行辩论时所发表的两次讲话的实质内容,伦敦,1811年。特别参考第19页及其后。

下议院对利率这一主题的注意,认为这是一个"非常重大的转折点"。在更简略地重申其理论之后,又补充了一个关于价格与利率之间关系的新的不同理论(绝不能与他的另一理论混淆),即一个关于价格上涨预期对货币利率的影响的理论,这个理论后来被马歇尔(A. Marshall)和欧文·费雪重新发现。然而,这个理论在此与我们无关。[①]

桑顿的理论似乎已被"货币金属学派"(bullionists)普遍接受,然而,当这个学派的学说成为银行学派攻击的目标时,它似乎已被人遗忘了——其原本可予以充分地回应。在接下来的两年里,金爵士(Lord King)[②]和 J. L. 福斯特(Foster)[③]重述了这一学说,更重要的是,大卫·李嘉图(David Ricardo)在他 1809 年出版的小册子中接受了这一观点,他谈到在银行发行通货后和对价格产生影响前这一期间内,利率将低于自然水平,使这一学说更具现代特色。[④] 李嘉图在《原理》中重述了这一学说,[⑤]这足以使其为大众所周知。这

[①] 参阅格雷戈里(T.E. Gregory)、图克和纽马奇(Newmarch)合著的《价格和货币流通史》(*History of Prices and of the State of the Circulation*)一书的引言,第 23 页。但格雷戈里教授并没有清楚地区分这两种理论。

[②] 《关于银行纸币兑付限制的影响的思考》(*Thoughts on the Effects of the Bank Restriction*),伦敦,1803 年,第 20 页。

[③] 《论商业汇兑原理》(*An Essay on the Principles of Commercial Exchanges*),1804 年,第 113 页。

[④] 《黄金高价是银行券贬值的证据》(*The High Price of Bullion a Proof of the Depreciation of Bank Notes*),第 3 版,1810 年,第 47 页。《论文集》(*Essays*),E.K.C. 康纳(E.K.C. Gonner)编,第 35 页。

[⑤] 《政治经济学与赋税原理》(*Principles of Political Economy and Taxation*),《大卫·李嘉图全集》(*The Works of David Ricardo*),麦卡洛克(McCulloch)编,第 220 页。

第一讲 货币对价格影响的理论

一理论出现在《黄金问题报告》①中,并在银行纸币兑付限制期之后的一段时间里,经济学家们对它仍然很熟悉。

1823年,通货学说的开创者托马斯·乔普林(Thomas Joplin)阐述了同样的原理,几年后,他将这个原理描述为一个独特但非常吸引人的理论,即"资本对通货的压力和反压力",并宣称这是一个新发现。②虽然他的理论与一些相当错误的意见交织在一起,可能使他的同时代人无法认识到他的著作所包含的真正贡献,然而,他却成功地提供了说明利率与纸币流通量的波动之间的关系的最清晰的解释,该解释在那时已被放弃。在乔普林看来,无论是桑顿还是那些接受其观点的人都没有发现这一原理,这个原理可能说明"自我国银行制度开创以来发生的每一次大幅价格波动"的原因,即:当资本供给超过需求时,就会产生压缩国内货币流通量的作用;当需求大于供给时,就会产生货币流通量再次扩张的效果。③他用了相当篇幅来阐述利率如何运行以平衡资本的供求,以及利率的任何变动又如何影响生产活动,然后继续写道:"但是,对于我国的通货,或者更确切地说,对于地方银行的通货而言……其影响是不同的。当货币充斥的时候,不是货币利率降低,而是流通速度……降

---

① 《黄金问题报告》及其他,八开本,1810年,第56页;坎南(Cannan)编,第51页。
② 在题为《政治经济制度纲要》(*Outlines of a System of Political Economy*)的著作中,著者为了向政府和国家证明目前农业困窘的原因完全是人为的而写,并提出一项通货管理计划,以补救当前困窘,同时防止将来再次发生类似的不幸,伦敦,1823年,第62页和第19及其后诸页。这部著作可能也包含了后来由"通货学派"成员倡导并付诸实践的方案的第一次阐述,文中所提到的乔普林的第二部著作是《通货问题的分析与历史》(*An Analysis and History of the Currency Question*),伦敦,1832年。
③ 《通货问题的分析与历史》,第101页。

低;相反,当货币稀缺的时候,不是货币利率上升,而是发行量增大。地方银行家并不改变他们收取的利息……因为他不可能知道真正的利率是多少,所以,为了业务上的需要,他必须有一个固定的利率,无论多少。相反,当使用金属货币时,银行家总是能了解市场的状况。首先,他不能贷出货币,除非他手里收储了货币,而且有可供贷出的特定数额的货币。另一方面,当有更多或更少的人想要借款,其需求超过或低于他可以贷出的数额的比例,他就会提高或降低放款条件……但是,由于地方银行不仅是初始资本的贷出者,而且还是通货的发行者,因此对通货的需求和对资本的需求混杂在一起,以致对这两种情况的了解也混淆不清了。"①

在接下来的七十五年里,这方面的研究几乎没有任何进展。1826年,即乔普林之后三年,托马斯·图克(Thomas Tooke)(在十八年后,对他先前本来已经称为普遍接受的学说——即低利率易于提高价格,高利率易于压低价格——详细叙述了其中错误)②接受了桑顿的学说,并在一些细节上加以发展。③ 1832年,霍尔西·帕尔默(J. Horlsey Palmer)在关于换发银行特许状④的议会委

---

① 《通货问题的分析与历史》,第108—109页,也参见第111—113页。
② T. 图克,《通货原理研究》(*An Inquiry into the Currency Principle*),伦敦,1844年,第77页。
③ 图克,《对通货状况的研究》(*Considerations on the State of the Currency*),伦敦,1826年,第22页,脚注。直到1840年,他仍在他的《价格史》(*History of Prices*)第一卷的附录中再版了这段注释,尽管省略了一些重要的句子。参见格雷戈里所作的引言,第25页。
④ "英格兰银行特许状秘密委员会报告"(*Report on the Committee of Secrecy on the Bank of England Charter*),伦敦,1833年,第18页,即191—197。

员会上重述了这一理论,直到 1840 年,"以低于通常利率的利率获得贷款和进行贴现的需求是无法满足的"这一理论几乎被西尼尔(N. W. Senior)视作当然,① 这一理论甚至在约翰·斯图尔特·穆勒(John Stuart Mill)的《政治经济学原理》(*Principles of Political Economy*)一书里出现,尽管形式上有些删改。②

六

然而,在继续探讨这一理论的更现代发展之前,我必须追溯第二种思潮的起源,这种思潮最终与刚才讨论过的思潮交织在一起,构成这一问题的现代学说。虽然我们已经讨论过的那股思潮只关注利率与流通中的货币数量以及作为后者的必然结果的一般价格水平之间的关系,第二股思潮则关注货币数量的增加直接或通过利率对资本形成所产生的影响。货币增加带来资本增加的理论,最近在"被迫储蓄"(forced saving)的名义下非常流行,甚至比刚才已经讨论的理论还要古老一些。

边沁(J. Bentham)是第一个清楚地阐述这一学说的学者,迄今他比他的任何继任者都更为详尽地阐述了这一学说。他的《政治经济学手稿》(*Manual of Political Economy*)写于 1804 年但

---

① 1846 年 10 月,《爱丁堡评论》刊登了一篇题为"金爵士"的匿名文章,后来又在 1863 年的《N.W. 西尼尔传略》(*N.W. Senior's Biographical Sketches*)中重载。这篇文章的相关部分现已全部再版于 N. W. 西尼尔 的《工业效率与社会经济》(*Industrial Efficiency and Social Economy*),S. 莱昂·利维(S. Leon Levy)编,纽约,1928 年,第 2 卷,第 117—118 页。

② 第 3 册,第 23 章,第 4 段,阿什利(Ashley)编,第 646 及其后诸页。

直到1843年才出版，其中的一段叙述中，他详细论述了"被迫节俭"(Forced Frugality)的现象。借此他指出，一国政府可以通过将税收或纸币发行所筹集的资金用于生产资本品，从而"增加未来财富的总量"。虽然边沁的这个讨论很吸引人，也很重要，而且它最为可行并被这个圈子里的一些经济学家所知悉，但事实是其在很多年以后才出版，这削弱了它对这一学说发展的重要性。[①]

显然，首先在出版物上较详尽地讨论这个问题的殊荣看来应属于马尔萨斯(T. R. Malthus)，1811年，马尔萨斯在对李嘉图第一本小册子作的未署名评论中，[②] 抱怨说，他所认识的作者中似乎没有一个人"曾充分意识到一国流通媒介的不同分配对那些注定会促进未来生产的积累所产生的影响"。然后，他用一个假定的"充分理由"论证，当资本和收益之间的比例变化有利于资本时，以致"将一国的产品主要投入生产阶级之手"，将产生这样的效果："该国的产品将很快大幅增加。"下一段有必要全文引用，他写道：

> "在实际情况下，每当新发行的纸币落到想运用它们去经营和扩大有利可图的业务的人们手中，流通媒介的分配就会产生差异，也会产生与以前假定的性质类似的效果，虽然相对来说微不足道，在资本和收入之间的比例会发生有利于资本的

---

① 作者关于"被迫储蓄学说的发展"(The Development of the Doctrine of Forced Saving)(《经济学季刊》，1932年11月)的一文的注释中，对边沁关于这一问题的文稿做了较为详细的讨论，其中还提到了H. 桑顿对这一问题的更早文稿以及后来许多人对这一问题讨论的文稿，此处省略。

② 《爱丁堡评论》第17卷，第34期，1811年2月，第363及其后诸页。也可参见李嘉图在其关于金价高企(High Price of Bullion)的小册子第四版附录中的答复。

变化。新发行的纸币进入市场并成为新增资本,用以购买企业经营必要的物品。但是,在全国的产品增加之前,一个人不可能在不减少其他人份额的情况下取得更多的产品。其他人所得产品之所以减少,是因为受到新增纸币竞买引起的价格上涨的影响,使得仅是买方而非卖方的人士无力购买到跟以前一样多的年出产产品:因为在价格逐步上涨的过程中,所有既卖又买的产业阶级都获得了不同寻常的利润,而且即使这种上涨停止,其所得的年出产产品份额的支配力也比新货币发行前更大。"

对增加纸币发行能增加国家资本的趋势,并未使马尔萨斯无视与之相关的危险和明显的不合理。他说,他只是对物价上涨通常被发现与公共经济繁荣相联系的事实提供了一个合理解释。

除了唯一的例外,马尔萨斯的这一主张在当时似乎没有得到重视——尽管只凭李嘉图对其做出过详尽答复的事实就本应使经济学家们对此熟悉。这一例外是1811年杜加尔德·斯图亚特(Dugald Stewart)为劳德代尔爵士(Lord Lauderdale)准备的关于《黄金问题报告》的一系列备忘录——这些备忘录后来作为附录转载于斯图尔特的《政治经济学讲义》中。① 由于反对《黄金问题报告》推论中所使用的过于简化的货币数量学说,他试图解释"高价格与流通媒介

---

① 参见《杜加尔德·斯图尔特全集》(*The Collected Works of Dugald Stewart*),威廉·汉密尔顿(William Hamilton)爵士编,1855年,第8卷,第440—449页。关于斯图尔特对这个问题的看法的更全面的讨论可以在前面引用的关于"论'被迫储蓄'理论的发展"的注释中找到。

增加之间的间接关系"。在此次讨论的过程中,他与马尔萨斯所采用的论证极为接近,并在稍后的一份备忘录中提到,他在此期间曾注意到马尔萨斯的那篇文章,并转载了上述引用的段落。

十九世纪早期的一些学者也曾提到过这一问题,特别是乔普林和托伦斯(R. Torrens),以及穆勒(J. S. Mill)在其《关于政治经济学中一些未解决的问题》中的第四篇论文——"论利润与利息"(写于1829或1830年)——至少提到:由于银行家活动的结果,"收入"可能"转化为资本;如此,虽然看起来有些奇怪,但当货币以这种方式贬值时,则其作用就有几分像是被迫积累"。①

但穆勒当时认为,这种现象属于"利率更反常的现象,据我们所知,它们迄今还未被纳入精确科学的范畴内"。在其《原理》的第一版中似乎没有提到这一点。但在1865年的第六版中,他在"论信用对货币的替代"一章中增加了一个脚注,这个脚注与马尔萨斯的论述非常相似,以致很有可能是有某些事情——也许是《斯图尔特全集》的出版——使他注意到早些时候对这一问题的讨论。②

七

在穆勒《原理》出版后的很长一段时间里,人们只注意到我们所分析的两个相关观点中的第一个。多年来几乎没有什么进展。间或有人对早期经济学家们的观点进行重述,但并未增加任何新的

---

① 《论政治经济学的一些未决问题》(*Essays on Some Unsettled Questions of Political Economy*),伦敦,1844年,第118页。

② 穆勒:《政治经济学原理》,阿什利编,第512页。

第一讲 货币对价格影响的理论

内容,因此很少引起注意。[1] 由西季威克(Sidgwick)、吉芬(Giffen)、尼科尔森(Nicholson)及至马歇尔等发展起来的"货币与价格之间的间接连锁效应"理论,[2] 对从桑顿到图克所发展的学说毫无增补。比较有意义的是,莱昂·瓦尔拉斯(Léon Walras)在1879年对被迫储蓄理论的进一步发展,这或许是他对这一理论独立地重新发现。[3] 尽管他的贡献实际上已被人遗忘,直到最近马吉特(Marget)教授才使它从被遗忘中恢复地位,但其特别令人感兴趣,是因为这一理论可能正是通过瓦尔拉斯才传给维克塞尔。只有这位伟大的瑞典经济学家,才最终在十九世纪末将两股截然不同的思潮完美地融为一体。他之所以在这方面取得成功,是因为他的努力是以庞巴维克的现代且高度发展的利息理论为基础。但也许是命运弄人,维克塞尔的成名,[4] 不是因为他对旧学说的真正改进,而是因为在他的论述中有一点肯定是错的:他试图在利率和一般价格水平的变动之间建立一种刚性的联系。

简而言之,维克塞尔的理论如下:如果没有货币因素的扰动,

---

[1] 对早期理论重述的例子可见于阿道夫·瓦格纳(Adolf Wagner)的早期著作《银行理论文集》(*Beiträge zur Lehre von den Ban ken*),莱比锡,1857年,第236—239页。但从该作者后来的观点看,这种重述有些让人惊异。

[2] 参见安杰尔(J. W. Angell),《国际价格理论》(*The Theory of International Prices*),剑桥,1926年,第117及其后诸页。

[3] 莱昂·瓦尔拉斯,《银行券的数学原理》(*Théorie Mathématique du Billet de Banque*),1879年,再版于《实用政治经济学研究》(*Études d'Économie Politique Appliqué*),洛桑和巴黎,1898年。

[4] 维克塞尔对这一学说的首次也是最重要的一次阐述参见他的《利息与价格》(*Geldzins und Güterpreise*)(1898年在德国耶拿出版),这本可与维克塞尔后来在他的《国民经济学讲义》(*Vorlesungen über Nationalökonomie*,耶拿,1922年)第二卷中的重述一起参考。

利率的决定是为了使储蓄的供求相等。他命名这个均衡利率（我宁愿这样称呼）为自然[①]利率。在货币经济中，真实利率或货币利率（Geldzins）可能不同于均衡利率或自然利率，因为资本的需求和供给在其自然形态下未必能达到平衡，只有在货币形态下才能平衡，而银行可以任意改变用于资本目的的货币数量。

因此，只要货币利率与均衡利率一致，利率对价格的影响就保持"中性"，既不会提高也不会降低价格。然而，如果银行将货币利率降低至均衡利率以下——通过贷出比委托给它们的更多的资金来做到这一点，即增加货币流通量——则必然会导致价格上涨；如果将货币利率提高至均衡利率以上——这是一种没有多大实际意义的情形——则会抑制价格。但是，从这一正确的论述出发，并不意味着如果货币利率与均衡利率相等的话，价格水平就会保持不变，而只是在这种情况下，没有任何货币因素会导致价格水平的变化，但维克塞尔却贸然断定，只要两种利率相同，价格水平就必然始终保持稳定。关于这一点稍后会有更多的讨论。此刻让我们关注这一理论的进一步发展。价格水平的上升被认为是货币利率低于均衡利率的必然结果，最先是由企业家从银行借来用在生产上的货币数量的增加所引起的。正如马尔萨斯曾表明的那样，这个过程涉及维克塞尔此时所说的被迫储蓄。[②]这就是我对维克塞尔的理论的解释。我不准备在这里讨论奥地利经济学家米塞斯教授对这一理论的重

[①] 有时也称为"正常"（normal）（第111页）或"真实"（real）利率。后一种表达形式引起了人们与另一种理论的混淆，另一理论涉及价格变动预期对利率的影响，它通常关联的人物名字是费雪，但如前所述，桑顿、李嘉图和马歇尔已熟知这种理论了。

[②] 《利息与价格》，第102，143页。

第一讲 货币对价格影响的理论

要发展。① 对这个理论当前形式的阐述将是我接下来两讲的主题。这里有必要指出,米塞斯教授通过分析货币利率与均衡利率之间有差异时对消费品价格和对生产品价格的不同影响,从而改进了维克塞尔的理论。以此,他成功地将维克塞尔的理论转换为信贷周期的理论,并在逻辑上做出了圆满的解释。

八

这样,我们就被引入下一部分的讨论。因为在我看来,正在建

---

① 《货币与信用理论》,1912 年。一位著名的意大利经济学家马尔科·范诺(Marco Fanno)教授,与米塞斯教授同时写了一本非常吸引人的、现在非常罕见的关于货币与金融市场的书,在书中,作者独立地尝试进一步发展维克塞尔的理论。说明作者观点的一个较短的德语修订版本,现在可以在《货币理论文集》(the Beiträge zur Geldtheorie)(维也纳,1933 年)中查到。

米塞斯教授理论中的相当一部分,特别是"被迫储蓄"理论,似乎是通过熊彼特(Schumpeter)教授的"经济发展理论"(Theorie der Wirtschaftlichen Entwicklung)和安德森(B. M. Anderson)博士的"货币价值理论"(Value of Money)介绍到美国的,自那以后,这种理论相当流行。无论如何,自从这本书于 1917 年出版以来,"被迫储蓄"已经被下列教授讨论过了:陶西格[F. W. Taussig,《经济学原理》(Principles of Economics),第三版,第 351,359 页],奈特[F. Knigh,《风险,不确定性和利润》(Risk, Uncertainty and Profit),第 166 页附注和索引],弗莱德[D. Friday,《利润,工资和价格》(Profit, Wages and Prices),第 216—217 页],和汉森[《繁荣和萧条的循环》(Cycles of Prosperity and Depression),1921 年,第 104—106 页]。我最近才阅读到的美国作家 M. W. 沃特金斯(M. W. Watkins)先生在其吸引人的文章"商业银行和资本的形成"("Commercial Banking and the Formation of Capital")[《政治经济学杂志》(Journal of Political Economy),第 27 卷,1919 年]中对这些问题的看法,这些看法与本书中所发表的观点十分近似,我不知道他的见解是否有同样的来源。

在英国,类似的观点似乎首先是庇古(A. C. Pigou)教授独立发展起来的(《失业是不可避免的吗?》(Is Unemployment Inevitable?),1925 年,第 100—111 页)。其后又由罗伯逊(D. H. Robertson)先生更详尽地加以阐述(《银行政策和价格水平》(Banking Policy and the Price Level,1926 年,书中多处)。

立的货币理论发展的第四个伟大阶段,部分在于维克塞尔奠定的基础,部分在于对他的学说的批判。(或许我应该明确地提醒,到现在为止,我一直都是在描述我们的研究已经完成的进展,但接下来我要说的第四阶段,却不是关于这些已经确定的形态,而是我认为它应该成为什么状态)

按照年代先后来逐步追溯维克塞尔的理论逐渐转变为一种新的理论经历了哪些进程,势必需要花费很多的时间。如果我直接开始讨论其理论的那些缺陷,大家将能更好地理解这种演变,因为这些缺陷最终必定使我们摆脱维克塞尔从他的前辈那里承袭过来的理论中的某些基本概念。

我已经提到,根据维克塞尔的观点,均衡利率是这样一个利率,它在保持价格水平的稳定的同时,又把真实资本的需求限制在可用的储蓄额内。显然,他的想法即使在现在也是一个非常普遍的观点,即在均衡利率下货币对价格保持中性,因此,在这种情况下,价格水平根本没有任何改变的理由。

然而,很明显,为了使真实资本的供求平衡,银行的贷出额不得多于或少于存入银行的储蓄额(包括节省下来而囤积的新增数额)。当然,这自然意味着(上述情况总是除外)银行无论如何决不允许流通中的有效货币数量发生变化。① 同时,同样明显的是,为了保持价格水平不变,货币流通量必须随着生产量的增减而变化。银行要么能将对真实资本的需求控制在储蓄供给所限定的储蓄额

---

① 从现在起,被更确切地描述为有效货币流动或在一个单位时期内支付的货币数量将用"流通中的货币数量"或简称"货币数量"来表示。这两个数量之间可能存在的差异而引起的一些问题将在第四讲中讨论。

内,要么能保持价格水平稳定,但无法同时履行这两种职能。除了在一个储蓄供给没有增加的社会,即静态社会之外,保持货币利率等于均衡利率将意味着,当生产扩张时,价格水平将会下降。在类似的情况下,保持一般价格水平稳定就意味着贷款利率将要降低到均衡利率以下。其结果同投资率超过储蓄率的情况一样。

我们可以举出其他种种例子来说明,货币对价格和生产的影响,完全独立于对一般价格水平的影响。但一旦人们开始思考这个问题就会发现,货币数量的任何变化,无论其是否影响价格水平,几乎都必然会影响相对价格。而且,毫无疑问,正是相对价格决定了生产的数量和方向,因而,货币数量的任何变化也几乎都必然会影响生产。

如果我们一方面必须承认,在稳定的价格水平下,相对价格可能会受到货币因素的影响而变动,而另一方面又得承认,只有在价格水平变动时,相对价格才可能不受干扰,那么,我们就必须放弃那个普遍接受的观点,即如果一般价格水平保持不变,则经济均衡的趋势就不会受到货币因素的干扰,而来自货币因素的扰动影响,除了引起一般价格水平的变动外,其他方面是让人感觉不到的。

在我看来,几乎所有货币理论家都教条式地接受的这一学说的根源似乎在于当今货币理论的大部分缺陷,而且这些缺陷几乎阻碍了货币理论的所有进一步发展。它对各种稳定价格的建议的影响是显而易见的。然而,在这几个讲座中,我们感兴趣的是这些建议的理论基础,而不是任何一种实际建议的制定。在这里它可能提示我们,一旦抛弃上述这些不合理的假设,我们很可能曾极大低估了经济理论中所隐含的若干变化。因为当我们研究货币对个别价格的所有影响时,不论这些影响是否伴随着价格水平的变化,我们不久就会开始认识到,把货币的一般价值理解为某种价格水平的反面的那种概念是多余的。事实上,我认为在不久的将来,货币理论不仅会摒弃货币与价格水平之间具有直接关系的这种解释,而且会抛弃一般价格水平这个概念,取而代之的是深入研究相对价格变化的原因及其对生产的影响。这种货币理论,将不再是一般的货币价值理论,而是关于货币对各种商品之间不同交换比率所发生的影响的理论,在我看来,这才是货币理论发展中可能的第四个阶段。

如果我们认为相对价格的概念包括同类货品在不同时刻的价格在内,如不同地区之间价格关系的情况一样,两种价格之间只有一种关系可以符合"跨期"均衡的条件,而且这种关系不一定先验地是一种等同关系,或者是在稳定价格水平下存在的关系,那么,我对于货币理论的可能前景的这些观点就不那么令人吃惊了。(这与货币作为递延支付标准这个问题有着特别关系,因为在这一功能中,货币被简单地视为影响跨期交换的媒介)如果这种观点是正确的,那么,我认为关于货币价值是否增减这个问题将被下述问题所替代,即跨期交换比率的均衡状态是否会受到有利于未来货品或有利于当前货品等货币影响的扰动。[①]

九

以下几个讲座的目的是要说明,在不借助货币的一般价值设想

---

① 我已在《世界经济档案》(1928年,第28卷)的一篇题为"跨期价格均衡和货币价值运动"("Das intertemporale Gleichgewichtssystem der Preise und die Bewegungen des 'Geldwertes'")的文章中,较全面详细地论述了交换的跨期均衡条件中的这一难题。

第一讲 货币对价格影响的理论

的情况下,如何可能至少解决货币理论中一些最重要的问题。至于我们是否可以完全摆脱那种概念,那将由你们自己决定。现在,我只想提请你们进一步探讨一个问题,即相比于其他任何货品,为什么货币的一般价值问题似乎是无关紧要的。

我们对个别货品的价格感兴趣,因为这些价格表明我们可以在多大程度上满足对任何特定货品的需求。经济学的最终目标是,找出为什么某些需要和某些人的需要可以比其他需要和其他人的需要得到更大程度上满足。然而,在这个意义上,对货币没有这种需要——现存货币的绝对数量与人类的福祉并无关系——因此,在我们谈到货品的客观价值的意义上,货币是没有客观价值的。我们感兴趣的只是,货品作为收入来源或作为满足欲望的手段,其相对价值是如何受到货币的影响的。

问题绝不在于解释货币的任何"一般价值",而只在于说明货币何时及如何影响货品的相对价值,以及在什么条件下它不会干扰这些相对价值,或者用维克塞尔的巧妙措辞,相对于货品而言,货币何时保持中性。[①] 因此,构成货币影响生产的理论分析出发点的不是货币价值是否稳定,而是货币是否保持中性。而且,货币理论的第一个目标应该是阐明货币在这个意义上可以被视为中性的那些条件。现在我们还处于这种研究的初期阶段。而且,尽管我希望我在接下来的讲座中所讲的内容能对此有些帮助,但我充分意识到,我们在这个阶段所取得的全部成果只应该被视为尝试性的。在我个人看来,与研究成果的细节描述相比,下面几讲里的研究方法更为重要。

---

① 参考第四讲附录。

第二讲 消费品生产与
生产品生产之间的均衡条件

"在我们看来,货币的增加会在多大程度上以及以何种方式使资本增加,这个问题似乎非常重要,完全有必要加以阐释……不是流通媒介的数量,而是它的不同分配,产生这里所说明的影响……每一次新发行的钞票……大部分落入既是消费者又是生产者的人手中,小部分落入到纯粹只是消费者的人手中。"

T. R. 马尔萨斯

《爱丁堡评论》(*Edinburgh Review*),第十七卷(1811年),第363页及其后诸页

一

在我们试图理解价格对商品生产量的影响之前,我们必须了解工业产出变化的直接因素的性质。尽管这个问题乍看起来很简单,但当代理论至少提供了三种解释。

二

首先，我们可以认为，工业产出变化的主要原因在于个人付出努力扩大生产的意愿的变化。我首先提到这一点，因为它可能是目前在这个国家拥有最多追随者的理论。这种观点在英国被如此广泛地接受，可能是因为这里相当多的经济学家仍然受到"实际成本"价值理论的影响，该价值理论使得对产出总值的任何变化的这种解释成了自然的解释。D. H. 罗伯逊先生关于银行政策和价格水平的令人振奋的著作也许提供了基于这一假设进行推理的最好示例。然而，我认为我们的普遍经验根本无法证明这种假设是正确的；这是一种高度虚拟性的假设，只有在所有其他解释都失败的情况下，我才愿意采用这种假设。但它的正确性是一个事实上的问题，我不会试图直接反驳它。我只想说明，对于工业产出的变化，还有一些看起来不那么虚拟的其他解释。

三

第二种解释是简单地通过所使用的生产要素数量的变化来"解释"生产的变化。在我看来，这根本就不是什么解释。它貌似主要凭借事实支持，却似是而非。从日常经验中，我们知道各种未使用资源的存在，它由此出发，把产出的任何增加简单地看作是将更多未使用要素投入使用的结果，而把产出的任何减少简单地看作是更多资源闲置的结果。任何资源使用量的这类变化都意味着产出的相应变化,这当然是毫无疑问的。但是,闲置资源的存在并不是增加产出的必要条件,我们也没有权利把这种情况作为理论分析的出发点。如果我们想要解释生产的波动,必须给出一个完整的解释。当然,这并不意味着我们必须从头开始解释整个经济过程。但这确实意味着必须从一般经济理论停止的地方开始;也就是说,从没有闲置资源存在的均衡条件下说起。这种未被使用资源的存在本身就是一个需要解释的事实。它不能用静态分析来解释,因此,我们不能认为它是理所当然的。出于这个原因,我不能同意韦斯利·米切尔(Wesley Mitchell)教授的说法,即他认为"确定经济活动中周期性波动的事实如何能够与一般的均衡理论相协调,或者该理论如何能够与事实相协调"不是他的任务的一部分。[1] 相反,我坚信,如果我们想要完全解释经济现象,除了在趋向均衡的设想所提供的基础上加以发展外,我们别无他法。因为,只有这一设想,才能使我们能够解释诸如价格或收入的确定等这样的基本现象,而理解这些现象对于解释生产波动是必不可少的。因此,如果我们要系统地进行研究,就必须从一个已经被一般经济理论充分解释过的情况开始。唯一满足这一标准的就是所有可用资源都被使用的情况。闲置资源的存在一定是我们解释的主要对象之一。[2]

---

[1] 《商业周期,问题及其背景》(*Business Cycles, The Problem and Its Setting*),纽约,1927年,第462页。
[2] 我已在《货币理论与商业周期》(伦敦,1933年,第Ⅰ和Ⅱ章)一书中更全面地论述过纯经济理论与商业波动的解释之间的关系。

四

从均衡假设入手更有利。因为通过这种方式，我们不得不更加关注工业产出变化的原因，否则这些变化的重要性可能会被低估。我指的是使用现有资源的方式上的变化。对现有生产力趋向的改变不仅是个别产业产出波动的主要原因；整个工业的产出也可能因现有资源使用方式的改变而在很大程度上增加或减少。这是我在讲座开始时提到的当代关于波动的第三种解释。我此时想到的，不是技术知识的进步可能引起生产方式的改变，而是向更资本化的生产方式转型可能引起产量的增加，或者，同样地，通过组织生产，以致在任何特定时刻利用现有的资源来满足比以往更遥远的未来的需要。我特别希望引起你们注意的正是这种向多少有点"迂回"的生产方式转型的结果。因为，在我看来，只有通过对这一现象的分析，我们才能最终说明，如何构建一种暂时无法利用所有现有可用资源的情形。

从较低资本化程度的生产形式向更高的资本化程度的生产形式转型所涉及的过程是如此复杂，只有从高度简化的假设出发，直到逐步推进到更接近现实的情况，我们才有可能清楚地看到这些过程。为了适合讲座，我将把这个研究分为两部分。今天这一讲，我将只考察生产品和消费品生产之间建立均衡的条件，以及这种均衡与货币流动的关系；在下一讲中，我会详细解释转型时期价格机制的作用，以及价格体系的变化与利率之间的关系。

五

我的首要任务是界定某些术语的准确含义。我将始终在可能的最广泛的意义上使用"生产"这一术语,即:把商品送到消费者手中所必需的所有过程。当我提及土地和劳动力时,我指的是原始的生产资料。当我不加更多限定词地使用"生产要素"一词时,它也将包括资本,也就是说,这个词将包括我们从其中获得工资、租金和利息等形式的收入的所有要素。当我使用"生产品"一词时,我指的是任何时候存在的所有非消费品的货品,也就是说,直接或间接用于生产消费品的所有货品,因此包括原始的生产资料,以及工具性货品和各种未完工的货品。生产品不是原始生产资料,而是介于原始生产资料和消费品之间,我称之为中间产品。所有这些区别划分都与耐久品和非耐久品之间的习惯区分不一致,目前我并不需要用这种方法来进行区分。然而,在下一讲中,我将不得不使用这种区分方法,并添加一个与这种区分方法有关的新方法。

六

我已经指出,现代"资本主义"生产体系的一个基本特征是,在任何时候,都有很大一部分可用的原始生产资料被用来为更多的人提供消费品,或用于满足比眼前需要更远一些的未来的需要。当然,这种组织生产方式存在的理由是,通过延长生产过程,我们能够从一定数量的原始生产资料中获得更多数量的消费品。就我目

第二讲 消费品生产与生产品生产之间的均衡条件

前的目的而言，没有必要占用篇幅详细解释这种通过迂回的生产方式来提高生产力的方法。目前足以说明，只要我们愿意为产品等待足够长的时间，在实际条件的范围内，我们可以从一定数量的原始生产资料无限期地增加消费品的产出。我们主要感兴趣的是，从一种给定持续时间的生产方式到一个更长或更短时间的生产方式的变化——任何此类转变都意味着生产组织发生了相当明显的变化，或者，我们就把生产组织的这个特殊方面称为生产结构的变化，来与人们更熟悉的其他方面相区别。

为了清楚地了解生产结构的这些变化实际上意味着什么，采用一种图解法是很实用的。① 为此，我认为用直角三角形（如图 1 中的三角形）的斜边来表示任何时候为使消费品产出增长所必需的原始生产资料的相继投入情况比较方便。这些原始生产资料的价值用斜边的水平投影来表示，而在任意时间段，自上而下的垂直长度，则表示时间的进程，因此，代表原始生产资料使用量的这条线的倾斜度，意味着这些原始生产资料在整个生产过程中不断地被消耗。三角形的底边表示消费品当前产出的价值。而三角形的面积表示那几个单

---

① 下面的图表最初是试图用一种更容易掌握的表现形式来代替我在"储蓄的'悖论'"（《经济学刊》，1931 年 5 月）中用途相同的有点复杂的图表，后来我注意到，类似的三角形图形不仅被杰文斯[《政治经济学理论》(*Theory of Political Economy*)，第 4 版，1911 年，第 230—237 页]用作表示资本主义生产过程，特别是也被维克塞尔[《国民经济学讲义》(*Lectures on Political Economy*)，第 1 卷，第 152 及其后诸页]，以及其后的 G. 阿克曼[G. Ackerman《真实资本和资本利息》(*Realkapital und Kapitalzins*)，第 I 部分，斯德哥尔摩，1923 年]使用。马尔沙克（Marschak）博士最近提出了一个非常恰当的建议，将这些三角形图解指定为"杰文斯投资图解"（Jevonian Investment Figures）。

位的原始生产资料在其成熟到可供消费之前经过的各相继阶段的总值。它还表示在任何时刻一定存在的中间产品总量,以确保消费品的持续产出。出于这个原因,我们可以认为这张图不仅体现出任何特定时刻产出所经过的相继生产阶段,而且还体现出静态的社会中同时进行的各个生产过程。用克拉克(J. B. Clark)的一句话来说,它描绘了一幅"同步生产过程"的图景。①,②

现在,不需要进一步解释,我们可以清楚地看到,在任何时候,有必要保证给定数量的消费品的连续产出所必需的中间产品数量(用三角形的面积表示)与消费品产出的数量之间的比例③ 随着迂回

---

① 同步生产概念的方法论含义在汉斯·梅耶尔(Hans Mayer)的《国家瑞士手册》(*Handwörterbuch der Staatswissenschaften*)第四版的"论生产"(Produktion)一文中得到了很好的阐述。第6卷,耶拿,1925年,第1115及其后诸页。

② 只要我们把自己限制在资本结构的实物方面,那么,三角形就可以被视为不仅代表正在进行生产的货品存量,而且代表任何时刻现有的耐久生产工具存量。在这种情况下,这些货品逐次提供的预期未来服务必须被设想为是在这些服务尚未最后完成前所经历的时间间隔所对应的不同生产"阶段"中提供的。[为了更详细地讨论生产的实际持续时间和货品的耐久性这两个不同方面(其中时间记入生产过程)引起的问题,参见我的文章"论投资与产出的关系",《经济学杂志》,1934年6月]但是,一旦试图用图表表示中间产品从一个阶段到另一个阶段的逐次转移以换取货币,显然就不可能像对待正在加工的货品那样对待耐久品,因为不可能假定任何耐久品所包含的个别服务在接近实际消费时间的阶段时会定期易手。因此,正如前言中指出的那样,只要假定中间产品的总存量在生产过程逐渐接近尾声时定期兑换成货币,就有必要从耐久品的存在中脱离出来。

③ 更准确的做法是,不要将某一时刻存在的中间产品的存量与某一时间段消费货品的产出量相比较,而是与同一时刻消费货品完成的速度相比较。但是,由于这一时刻的产出将是极小的,因此这一比例只能表示为一个函数的微分,该函数表示中间产品在这一流向终点(即中间产品成为消费品的点)的流量。这种关系与一条小溪的总水量和这条小溪流过河口的速度之间的关系基本上是一样的。[这个比喻似乎比我们更熟悉地认为资本是"存量"而收入只是"流量"的比喻更合适。关于这一点,N. J. 波拉克(N. J. Polak),《融资的基本特征》(*Grundzüge der Finanzierung*),柏林,1926年,第

第二讲　消费品生产与生产品生产之间的均衡条件　　45

图 1

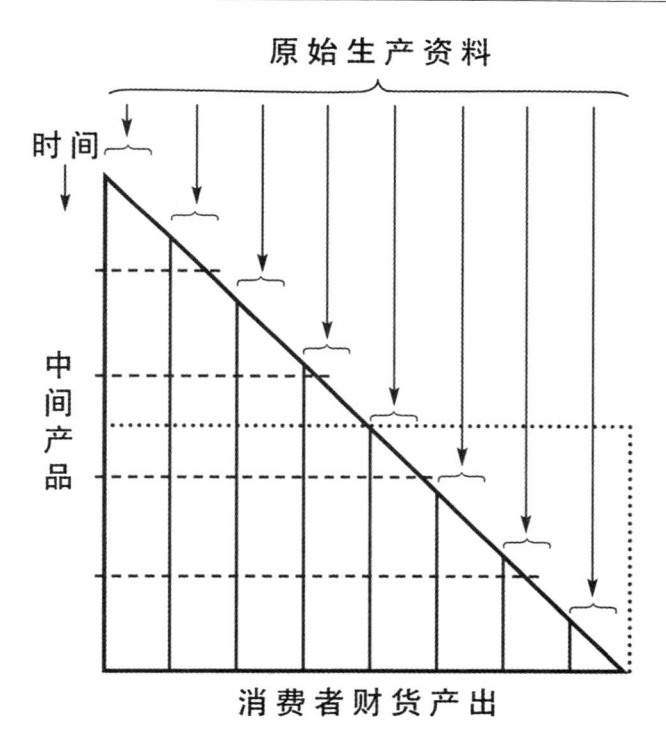

---

13 页] 可以很方便地将这个过程中任何一点的中间产品的数量作为时间的函数 $f(t)$，因此，将这个过程中的中间产品的总数量作为这个函数在一段等于生产过程总长度的时间 r 的积分。如果我们将这个方法应用于 x 时刻开始的任何生产过程，流量中的中间产品总量将用 $\int_{x}^{x+r} f(t) \cdot dt$ 表示，消费品在某一时刻的产量将用 $f(x+r)$ 表示。在正文使用的图表中，函数 $f(t)$ 用斜边表示，其具体值 $f(x+r)$ 用底边表示，积分用三角形的面积表示。当然，没有理由假定 $f(t)$ 函数是线性的，也就是说，如图表中所假定的那样，在生产过程的相继阶段所应用的原始生产要素的数量是恒定的。关于这些以及若干相关问题，请参阅前面脚注中引用的"论投资和产出的关系"的文章。

生产过程的长度而增长。随着使用原始生产资料与完成消费品之间的平均时间间隔的增加，生产变得更加资本化，反之亦然。我们正在考虑的情况是，在整个生产过程中，原始生产资料以恒定的速度投入使用，这一平均时间恰好是从第一个单位的原始生产资料投入至全部过程完毕所经过的时间的一半。因此，中间产品的总量也可以用一个高度为三角形高度一半的矩形来表示，如图中虚线所示。这两个图形的面积必然相等，当我们要判断图形面积所代表的相对大小时，用一个矩形而不是一个三角形有时可能会更直观。此外，应当注意的是，由于该图形代表的是价值而非实际生产，因此在图形中没有表示出通过迂回生产方式获得的剩余报酬。在这次讲座中，我有意不谈及利息，我们在下次讲座中必须考虑到这一点；到那时，我们可以假定，中间产品在成为成熟的消费品并出售给消费者之前，它们仍然是原始生产资料所有者的财产。于是，原始生产资料的所有者获得了工资和租金，也获得了利息。

七

这种完全连续的过程不是很便于理论探讨，而且这种假设可能也不够现实。我们可以借助高等数学来解决这些困难。但我个人倾向于采用一种更简单的方法，把连续过程分成不同的时期，并用这样一个假设——**即**货品以相同的时间间隔间断地从一个生产阶段流动到下一个生产阶段——来代替连续流动的设想。在我看来，这种方式虽然清晰度有所提高，但不足以弥补其精度上的欠缺。

也许将连续过程的图形转换为给定时期内发生的实际情况的

第二讲　消费品生产与生产品生产之间的均衡条件

图形的最简单的方法是，根据我们的第一个图形，画出所选定时期相对应的时间段的横截面，并设想在每个横截面前都有观察者，他们观察并记录下货品流动的数量。如果我们作出在每个时期的终点的这些截面，如图1中的虚线所示，用一个大小相当的矩形表示某一时期内通过这些分割线的财货数量，那么，我们可以得到同一过程的一个新图解，如图2所示。

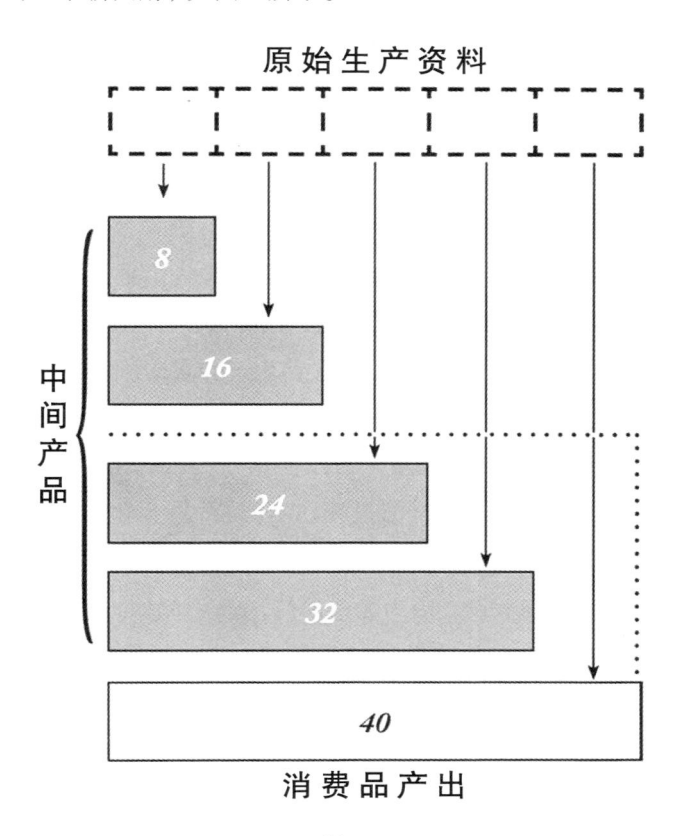

图 2

为了便于论述，我们只把在其中一个时期内完成的那一部分生产过程看作单独的生产阶段。那么，图表中各个阴影方块将依次代表相应生产阶段被转移到下一个阶段的产品，而各个阴影块依次的长度差异对应后续阶段使用的原始生产资料的数量。底部的白色方块代表这一时期消费品的产出。在一个静态的经济体中，这仍然是我考虑的唯一状态，消费品的产出必然等于所使用生产要素的总收入，并且换得该收入。在图2中，白色区域与阴影区域的比例（40:80或1:2）表示消费品产出与中间产品产出之间的比例（或任何时期内消费量与新投资和再投资额之间的比例）。

迄今为止，我只是用这个生产过程的示意图来表示货品的转移。同时用它也可以合理地说明货币的转移。在图表中，当财货从图表的顶部向下移动到底部时，我们可以设想货币是往相反的方向流动，即首先作为对消费品的付款被支付，然后向上流动，直到经过不同数量的中间流转，货币被支付给生产要素的所有者作为其收入，而生产要素的所有者又用它来购买消费品。但是，为了追踪实际货币支付（或者说在不同生产阶段使用的货币的相应数量）与货品流动之间的关系，对于全部过程在不同公司（企业）之间分为不同阶段的划分——该划分本身使货品与货币的交换成为必要——我们需要有一个明确假设。因为无论如何，这一划分并不一定与我们所做出的相等长度的生产阶段的划分相一致。我将从最简单的假设开始，即假设这两个划分确实是一致的，也就是说，朝着消费方向转移的货品确实是按照与我们单位生产时间相等的时间间隔进行转手换取货币的。

在这种情况下，用于消费品上的货币和用于中间产品上的货币的比例，等于对消费品的总需求与消费品连续生产所必需的中间产品的总需求之间的比例；在均衡状态下，这必须对应于一段时期内消费品的产出与同一时期内所有早期阶段的中间产品的产出之间的比例。根据我们的假设，所有这些比例都相应地用白色矩形面积与各阴影区域的总面积之间的比例来表示。值得注意的是，我们使用了与上图相同的辅助虚线，以便于比较这两个区域。虚线框的矩形表明，在图 2 所示的那种生产中，实际上有四个相继的阶段，迂回过程的平均长度只有两个阶段，因此，中间产品的数量是消费品产出的两倍。

八

现在，如果我们采用这种研究方法，那么对某些基本事实立刻就会明了。第一个事实是，在任何时期，生产品所花费的货币金额可能远远大于同一时期消费品所花费的货币金额。事实上，据计算，在美国，对消费品的付款只相当于对各种生产品付款的十二分之一左右。[1] 然而，这一事实不仅经常被忽视，甚至被亚当·斯密这样的权威学者明确否认。斯密[2]认为："不同经销商之间流通的货品价值永远不会超过经销商与消费者之间流通的货品价值；经销商

---

[1] 参考霍尔特罗普（M. W. Holtrop），《货币流通速度》（*De Omloopssnelheid van het Geld*），阿姆斯特丹，1928 年，第 181 页。

[2] 《国富论》（*Wealth of Nations*），第二卷，第一章，坎南编，第 305 页。耐人寻味的是，托马斯·图克将亚当·斯密（Adam Smith）的这句话作为对银行学派错误学说的辩护。(参见《对通货原理的探究》（*An Inquiry into the Currency Principle*），伦敦，1844 年，第 71 页)

购买的任何货品最终都注定要卖给消费者。"这一命题——显然是基于一个错误的推论,即销售最终产品的收益必须足够支付生产中的总支出。这一错误推断至今仍然没有受到反驳,而且在当代近一时期,它已成为一些极为错误的学说的基础。[①] 当然,解决这一难题的办法是,大多数货品在出售给消费者之前都要用货币进行多次交换,平均而言,交换次数正好是生产品总花费比消费品总花费多的倍数。

另一事实对以下讨论非常重要,但在目前的讨论中经常被忽视,[②] 如果看一下我们的图表,这点是显而易见的,该事实通常被称为社会资本设备——我们图表中的中间产品总额——其数量并不是一经出现就必然会永远持续下去,而不受人类决断的影响。恰恰相反:生产结构是否保持不变,完全取决于企业家是否认为将其各生产阶段产品销售收益的通常比例再投资于生产同类中间产品是有利可图的。这是否有利可图,一方面同样取决于这一特定生产阶段的产品的价格,另一方面也取决于为原始生产资料和从前一生产阶段取得的中间产品所支付的价格。相应地,资本化组织的存续程度

[①] 参考福斯特(W. T. Foster)和卡钦斯(W. Catchings),《利润论》(Profits),波拉克经济研究基金会的出版物,第8号,波士顿和纽约,1925年,以及该作者出版的同一系列的其他一些书。关于对他们学说的详细批评,参见我的文章"储蓄的'悖论'",《经济学刊》,1931年5月。

[②] 穆勒对"资本的不断消耗和再生产"(perpetual consumption and reproduction of capital)的强调,与他对资本的大多数其他深刻但常常表达得有些含糊的评论一样,没有产生应有的效果,尽管它把注意力引向了资本的本质特性,这种特性使资本有别于其生产的其他因素。最近,一些作者,特别是克拉克教授、熊彼特教授和奈特(F. H. Knight)教授错误地强调了同义反复的说法,即只要静态的条件占上风,根据定义,资本就是永久资本,这进一步掩盖了这个问题。

取决于为每个生产阶段的产品支付和获得的价格;因此,这些价格是决定生产方向的一个非常真实又非常重要的因素。

对于同样的基本事实,我们可以用稍微不同的方式来描述。代表任何一个生产阶段的企业家,在任何特定时刻所得到的资金流总是由两部分构成,即他可用于消费而不扰乱现有生产方式的净收入和他必须不断进行再投资的部分。但这完全取决于他是否按照以前的比例重新分配他的全部收入。而影响他决策的主要因素将是他希望从其特定中间产品的生产中获得的利润的大小。

九

现在我们终于准备开始讨论本讲的主要问题了,即从较低资本化程度的生产方式向较高资本化程度的生产方式转型(或相反)的问题实际究竟是怎么引起的,以及为了达到一个新的均衡,必须满足什么条件。第一个问题,我们可以立即答复:如果生产品(以货币表示)的总需求相对于消费品的需求增加(或减少),就会发生向更高(或更低)的资本化程度的生产方式转型。这种转型可能由两种情况中的任何一种产生:或者是由于自愿储蓄数量的变化(或者相反,即非自愿储蓄数量的变化),或者是由于货币数量的变化,这种变化改变了由企业家支配用于购买生产品的资金。让我们首先考虑一下自愿储蓄的变化,也就是说,需求在消费品和生产品之间的简单转移。[①]

---

① 我在这里特意讨论"有力的案例",即储蓄意味着对所有消费品的需求减少,

首先，我们可以采用如图 2 所示的情况，并假设消费者储蓄和投资的金额相当于他们一个时期收入的四分之一。我们可以进一步假设，这些储蓄是持续不断的，恰好它们可以用来建立新的生产过程。如此，消费品需求与中间产品需求的比例最终将从 40:80 变为 30:90，或从 1:2 变为 1:3。可以用于购买中间产品的新增货币数量现在必须如此使用，以便消费品货的产出为此可以按总数已减少至 30 单位出售。现在应该十分清楚，在我们的例子中，随着中间产品需求相对于消费品需求增加，即从平均 2 个生产阶段增加到平均 3 个（或从实际 4 个生产阶段增加到实际 6 个生产阶段），如果因此迂回生产过程的平均长度也和相继的生产阶段的数目增加的比例相同，就只会是这样的情况。当这个转型完成之时，生产结构将从图 2 所示的情况转变为图 3 所示的情况。（应当记住，这两个图中的相对数量是以货币而不是实物数量表示的，所使用的原始生产资料的数量保持不变，流通中的货币数量及其流通速度也应保持不变）

如果我们比较一下这两个图表，我们就会发现，这种变化的本质在于货币从消费品流向原始生产资料的过程的延伸。可以说，它变得越来越长，越来越窄。图表中底部阶段的宽度值为一段时间内在消费品上花费的货币数量，同时该货币额作为收入的同时也是支付使用生产要素的付款，这个宽度已经永久性地从 40 减少到 30。

尽管这种情况在实践中极不可能发生，因为在这种情况下，许多人很难理解对消费品的需求普遍减少如何会导致投资增加。情况经常是，消费品需求的减少只影响其中少数几种此类商品，这些特殊困难当然就是不存在的。

第二讲 消费品生产与生产品生产之间的均衡条件

原始生产资料

中间产品:
- 4.3
- 8.6
- 12.9
- 17.1
- 21.4
- 25.7

30.0

消费品产出

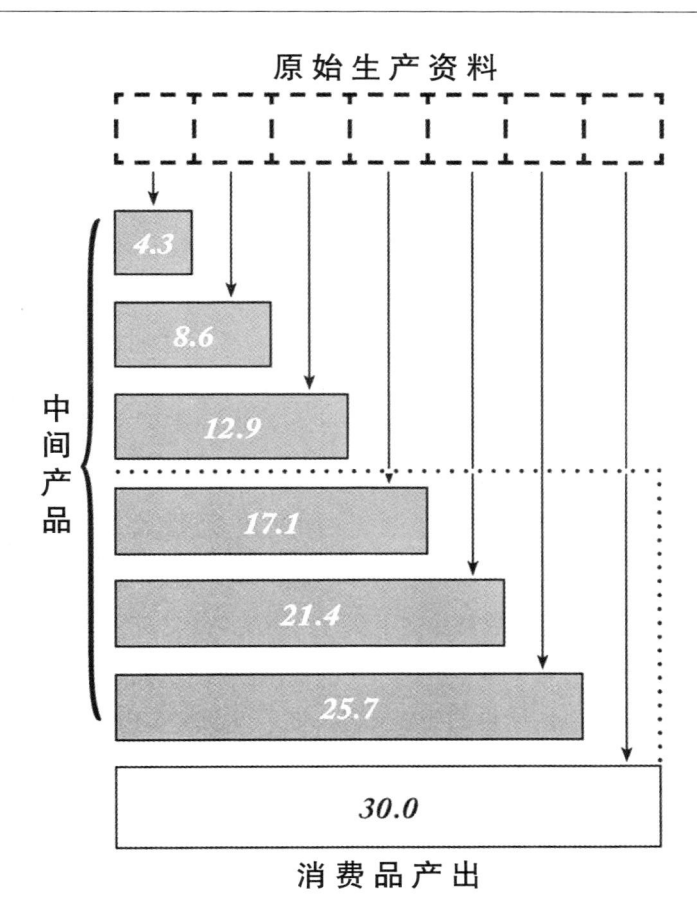

图 3

这意味着,生产要素的总量(如果我们忽略增加资本的话)保持不变,而其每单位价格将以同样的比例下降;同时,消费品的产出由于生产方式资本化的程度更高而增加,而消费品的单位价格将以更大的比例下降。用于生产的每个晚期阶段的货币数量也减少了,而在早期阶段使用的货币数量增加了。花费于中间产品的总的货币数量也因为增加了一个新的生产阶段而增加了。①

现在应该很清楚，与在生产的不同阶段所花费的货币数量的分配的这种变化相对应，现有货品总量的分配随时产生类似的变化。还应该清楚的是：由此产生的效果——考虑到我们正在作出的假设——是实现了储蓄和投资目标的效果，这与储蓄是以实物而不是以货币形式进行的效果是完全相同的。至于这个效果是否以最迅速的方式实现，以及我们的假设引起的价格变化是否对调整起到适当的刺激作用，都不是我们现在需要关心的问题。我们现在要确认的是，根据我们已经作出的假设，消费品和中间产品各自的需求比例的初始变化是永久性的，新的均衡可以在此基础上自行建立起来，尽管消费品的产量增加了，各种类型和各阶段的货品总周转量增加得更多，而货币数量保持不变这一事实对于生产的这种增加并没有造成根本性的困难，因为生产要素的总支出或总成本，仍将由出售消费品收到的所得款项来支付。如果以上这些都能成立，那我们的目的就算完成了。

但现在问题来了：如果我们放弃货币数量保持不变的假设，以及在生产过程中，中间产品与货币在相等的时间间隔内进行交换的假设，那么，上述情况是否依然是正确的？

---

① 为了避免误解，我现在将陶西格教授在这方面使用的术语"较早"和"较晚"阶段改为"较高"和"较低"，因为"较高"和"较低"仅在图表中明确无误，但容易与"高度完成的"产品等术语混淆，特别是因为 A. 马歇尔使用了这些术语的反义意思[参见《工业与贸易》(*Industry and Trade*)，第 219 页]。

十

让我们从研究流通中货币数量变化的影响开始。对于这一点，我们只需研究实践中最经常遇到的情况就够了：即以向生产者提供信贷的形式增加货币数量的情况。我们再次发现，按如下方法是很方便的：从图2所示的情况开始，并假设对消费品的需求和对中间产品的需求之间的比例发生同样的变化，而这种变化在前一个例子里应该是由自愿储蓄引起的，现在则是由给予生产者新增的信贷引起的。为此，生产者必须得到40单位的新增货币。从图4中可以看出，为了使新增的已变为可用的生产资料得到运用而必然引起的生产结构的变化，正好与储蓄带来的变化完全相符。现在，原始生产资料的全部运用过程将分六个阶段而不是四个阶段；同一时期不同阶段生产的中间产品的总价值将增长到同一时期消费品总价值的三倍而不是两倍；每个生产阶段的产量，包括最后一个阶段的产量在内，以实物单位衡量，将与图3所示的情况的大小完全一样。起初唯一明显的区别是，与图3所示的情况相比，这些货品的货币价值增长了三分之一。

然而，还有另一个更重要的区别，只有随着时间的推移才会变得明显。当储蓄导致生产结构发生变化时，我们有理由假定，消费品需求和生产品需求之间分配的比例一旦改变就将保持不变，因为这是个人自愿决定的结果。只是因为一些个人决定将其货币收入总额中较小的一部分用于消费，而将较大的一部分用于生产，才使生产结构发生变化。而且由于这种变化完成以后，这些人将获得增

原始生产资料

```
5.7
11.4
17.1
```
中间产品
```
22.8
28.6
34.3
40.0
```

消费品产出

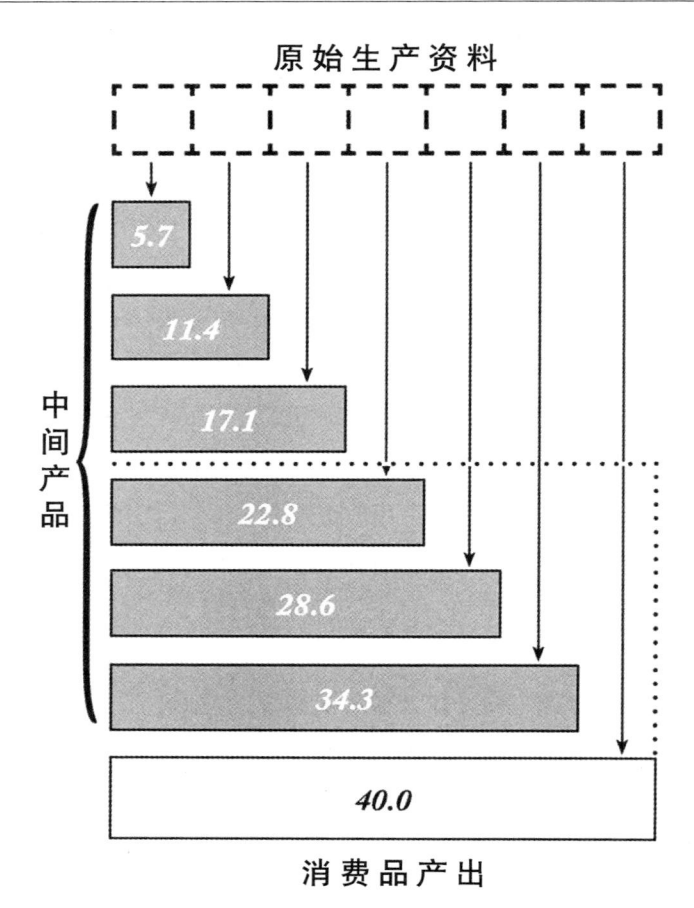

图 4

加的实际收入总量中的更大比例,他们就没有理由再次增加他们的货币收入中用于消费的那部分比例。① 因此,就不存在恢复到原有

---

① 必须记住,尽管货币收入总额会减少,但实际收入总额会增加。

第二讲 消费品生产与生产品生产之间的均衡条件

的比例的内在理由。

同样,在我们正在考虑的情况下,只有通过削减消费才能使用原始生产资料中的更大比例来生产中间产品。但现在这种牺牲不是自愿的,也不是由那些从新投资中获益的人做出的。遭遇这种牺牲的是一般消费者,由于遭到获得新增货币的企业家的更激烈的竞争,这些一般消费者就得被迫放弃一部分原有的消费。这并不是因为他们想要消费更少,而是因为他们以自己的货币收入只能得到更少的商品。毫无疑问,如果他们的货币收入再次增加,他们会立即试图将消费扩大到通常的比例。我们将在下一讲中看到,为什么他们的收入会随着货币流通量的增加而及时增加。现在,让我们假设这种情况发生了。但如果是这样,货币就会立即按照有关个人的意愿,在消费和生产用途之间重新分配,而由于注入新货币引起的人为分配,无论如何都会部分被逆转。如果我们假设仍然保持原来的比例,那么,生产结构也将不得不回到原有的比例,如图 5 所示。也就是说,生产将变得资本化程度较低,而沉没在只适用于资本化程度更高的生产过程的设备中的新资本将会损失。我们将在下一讲中看到,这种向资本化程度较低的生产方式的转型,必然会以经济危机的形式出现。

但是,一旦新货币的注入停止,消费品需求与中间产品需求之间的比例就不一定完全恢复到原来的水平。由于企业家在新增货币的帮助下已经成功地完成了时间更长的新的生产过程,[①] 他们的

---

① 然而,应该记住,一个生产过程不能仅仅因为一个企业家在生产的任何一个阶段已经成功地完成了他的部分生产,就认为在这个意义上生产过程已经完成了。在文中使用这一概念的意义上,一个完整的过程包括任何一条生产线的所有阶段,无论它们

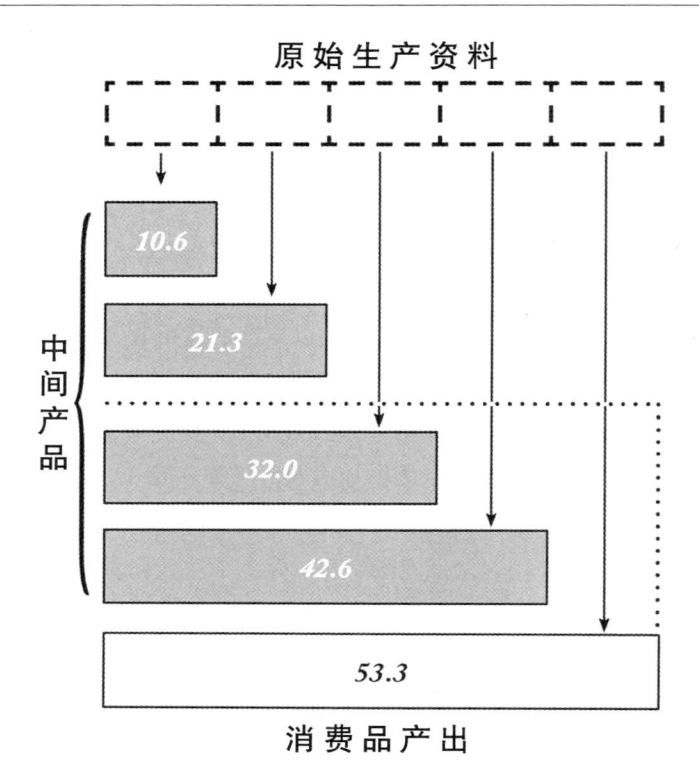

原始生产资料

中间产品
- 10.6
- 21.3
- 32.0
- 42.6

53.3

消费品产出

图 5

产出可能会得到更多的资金回报,这将使他们能够继续新的生产过程,即在不减少自身消费的情况下,将其收入的较大部分永久性地用于中间产品。正如我们将要看到的,只是缘于消费品需求增加而引起的价格变化,这些过程也变得无利可图。

是一个公司的一部分还是分为几个公司。我在"资本和产业波动"一文中进一步阐述了这一点,《计量经济学》,1934年4月。

但是，对于那些在货币数量不再增加的情况下仍未完成向较长的迂回过程转型的生产者来说，情况是不同的。他们已经花掉了能够增加他们对生产品需求的新增货币，而新增货币由此变成消费者的收入；因此，他们将不能再要求获得现有生产品的更大可用份额，相应地，他们将不得不放弃向更高资本化程度的生产方式转变的尝试。

十一

如果我们研究一个更简单的情况，即这类消费品需求的增加是由给消费者的新增货币直接引起的，那么这一切就更容易理解了。近年来，在美国，福斯特和卡钦斯两位先生一直主张，为了能够在新增储蓄的帮助下生产并销售更多的消费品，消费者必须获得更多相应的货币收入。如果他们的提议得到实施，将会发生什么？有这样一种情形——其本身是建立在新增储蓄的结果上，如果我们由此出发，即如果货币数量保持不变（如图3所示），然后假设消费者得到一笔新增货币，其数量足以弥补由储蓄增加引起的对中间产品需求的相对增加（即15个单位货币），并将其花在消费品上，那么我们将得到这样一种情况，即由于新增的储蓄，消费品需求与生产品需求之间的比例，曾经从40:80变为30:90或从1:2变为1:3，现在将再次减少到45:90或1:2。这将意味着回到过去那种资本化程度较低的生产结构，这种生产结构在新储蓄出现之前就已存在，而消费者货币收入的这种增加的唯一效果将是起到破坏储蓄的作用，这一点从图6中可以清楚地看到。（与图2所示的原有情况的差异也

原始生产资料

中间产品：9, 18, 27, 36

消费品产出：45

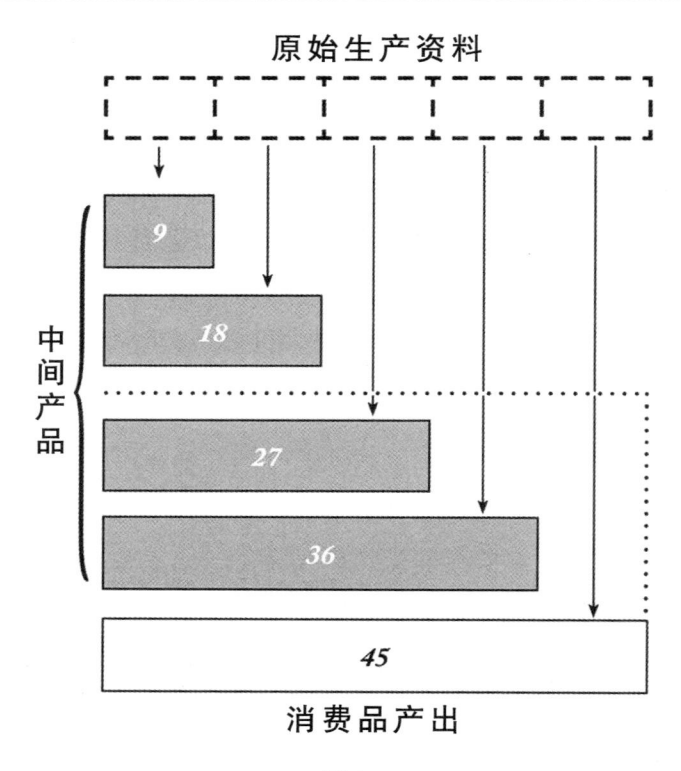

图 6

只在于货币价值的差异，而不是生产的货品的实物数量的差异或其在不同生产阶段之间的分配情况的差异）

十二

现在可以先放下这个话题，转到本讲中必须讨论的最后一个问题上。现在我想放弃我最初的第二个假设，即，在生产过程中，中

第二讲 消费品生产与生产品生产之间的均衡条件

间产品依次在各个生产阶段中在各个企业之间以相等的时间间隔进行货币交换。为了替代这种非常虚拟的人为假设，我们可以考虑从两种可选项中选择其一：我们可以假设（1）在任何生产过程中，整个过程由一家公司完成，因此，除了支付消费品和支付使用生产要素款项外，没有其他货币支付发生；或者我们可以假设（2）中间产品进行了交换，但时间间隔非常不规则，因此在生产过程的某些部分中，货品被同一家公司占有时间达数期之久，而在生产过程的其他部分中，货品在每个时期内可转手一次或几次。

十三

（1）让我们首先考虑这样一种情况，即在任何一种生产中，整个生产过程都是由一家公司完成的。我们可以再次用图1来说明发生了什么。在这种情况下，三角形的底部代表消费品的总支付额，斜边（或者更准确地说，斜边的水平投影）代表用于支付使用的原始生产资料的货币的数量。除此，没有其他款项需要货币支付，并且从消费品的销售获得的任何数量的货币可以立即用于支付原始生产资料的费用。重要的是要记住：我们只能假设任何一条单独的生产线都是以这种方式整合成一家大型公司。在这方面，假设所有商品的生产都集中在一个企业进行生产是完全不恰当的。因为，如果是这样的话，这家公司的管理者当然可以像共产主义社会的经济施令者（dictator）一样，随意地决定现有生产资料的哪一部分应该用于消费品的生产，哪一部分应该用于生产品的生产。对这位管理者来说，就没有向人借贷的理由，对其他个人来说，就没有用储蓄去参与投资的机会。只有当各个不同的公司为获得现有的生产资料进行竞争时，才会发生一般意义上的储蓄和投资，因此，我们必须把这种情况作为我们研究的出发点。

现在，如果这些一体化产业中的任何一个决定将其部分利润储蓄起来并进行投资，以便采用资本化程度更高的生产方式，它就绝不会将为了购买原始生产资料而储蓄下来的货币立即支付出去。要向资本化程度更高的生产方式的转型意味着在新生产过程生产的消费品准备就绪之前的时期会更长，在旧生产过程生产的最后一批货品的销售与新过程生产的第一批货品准备就绪之间的时间段，公司将需要用储蓄下来的款项来支付工资及其他费用等。因此，在整个转型期间，它向消费者支付的费用必定少于收到的费用，以便能够在这一期间结束时缩小差距，因为届时它除了继续支付工资和租金之外没有任何东西可以出售。只有当新产品上市，并且不再需要进一步储蓄时，它才会再次将它的全部所得悉数付出。

因此，在这种情况下，以货币表示的对消费品的需求只会暂时减少，而在生产过程被分为若干相等长度的独立阶段的情况下，可用于购买消费品的货币数量的减少是永久性的。在目前的情况下，消费品的价格只会随着其数量的增加而成反比下降，而使用这些生产要素的总支付额作为收入将保持不变。然而，这些结论只是暂时性的，因为它们没有考虑到一家公司相对于所有其他公司的相对地位，而这些公司肯定会受到与这一过程必然相关的相对价格和利率变化的影响。不幸的是，这些影响太复杂了，不能在这些讲座的范围内进行讨论，因此，我必须请你们暂不对在这些条件下发生的价格变化的最终影响进行判断。

第二讲 消费品生产与生产品生产之间的均衡条件

但有一点我必须特别提请你们注意，在这种情况下，用于生产的货币数量保持不变的原因是充分的，尽管事实是现在存在大量的中间产品，而在前一种情况下，使用更多的中间产品则需要使用更多的货币数量，原因是这样的：在前一种情况下，中间产品通过货币交换从一个生产阶段转移到下一个生产阶段。但在目前的情况下，这种交换被内部易货交易方式所取代，这使得货币变得无用。当然，我们把连续的生产过程划分为等长的单独阶段是完全主观臆断的：把它划分为不同长度的阶段，然后说这些阶段展现了许多差不多的内部易货实例同样是自然的。但我们所采用的程序是用来引出一个观念，我在后面的讲座中需要这一观念，即任何时期货品流动的相对数量，相当于同一时期交换成货币的货品数量的观念。如果我们将任何一种货品的要素所经过的从原始生产资料的第一次使用一直到到达最终消费者手中的路径划分为许多单位时段，然后测量在一段时期内经过每条分界线的货品数量，我们不必借助于高等数学就可以得到一个相对简单的测量货品流动量的方法。因此，我们可以说，就我们所讨论的情况而言，货币在货品流转方面已经变得更有效率，因为现在一定数量的货币交换已经足以使比以前更大量的货品流动[①]成为可能。

[①] 即使每个时期转向消费的货品总量不是在每个时期实际与货币进行交换，它也不是一个虚构的数量，而是一个现实的重要数量，因为这个总量的价值是一个我们能够不断确定的数量。它可能与一般所谓的自由资本密切相关，当然，正是这种因素的供给——连同新的储蓄——决定了利率；仍然投资于耐久工具的资本只从需求方面影响利率，即通过影响新的投资机会从而影响利率。

十四

（2）如果我们通过假设代表图 2 和图 6 中的相继生产阶段的两个独立企业合并成一个企业来说明它，也许这个有点困难的概念变得更容易理解。这是我开始讨论的两种可能性中的第二种可能性。一旦发生这种情况，中间产品从一个生产阶段转型到下一个生产阶段就不一定需要以货币支付，而且货品从进入前一生产阶段到离开后一生产阶段的流动可以用少得多的货币来完成，进而受到的货币影响就会小得多。因此，这将释放相应数量的货币，并可用于其他用途。当然，如果这两家企业再次分离，将会产生相反的效果。为了完成同样的货品流动，将需要增加货币支付数额，而且货币支付在流向消费的财货中所占的比例将会提高。

十五

不幸的是，所有可能用来表示这种货币有效性的名称都已被用来表示货币流通速度的不同概念。因此，在有人找到合适的术语之前，我们不得不用稍显笨拙的方式谈论交换成货币的货品数量与货品总流量之间的比例，或者货品总流量中通过货币交换所完成的比例。

这一比例，绝不能与货币支付量对实物贸易量的比例相混淆。当贸易量相对于货币支付总量增加了，而且价格水平下降时，但只要货品流动总量中用于交换货币的比例不变，我所设想的那个比例

第二讲 消费品生产与生产品生产之间的均衡条件

可能保持不变,虽然货币支付总量对贸易的实物数量的比例保持不变,我所设想的那个比例也会改变。因此,它不一定受货币数量变化或实物的贸易数量变化的影响;它只取决于在生产过程的某些阶段上货品是否易手。

迄今为止,我只是从生产领域的实例来说明这个概念。这个概念也同样可以应用于消费领域。同样,有时候消费品总产出的一大部分,有时候一小部分在其实际被消费之前被用来换取货币。因此,此处我们也可以谈到,一段时间内消费品的总产出对其中被销售以换取货币的那一部分产出的比例。这个比例在不同的生产阶段可能是不同的。但就其对生产结构的影响而言,在任何生产阶段(包括最后阶段——消费)花费的一定数量的货币的效率取决于在该阶段所占的比例;这一比例的任何变化都与在该特定生产阶段花费的货币数量的变化具有相同的影响。

综上,当我们放弃假设生产是在相等长度的独立阶段进行的时候,所产生的复杂情形就到此为止了。有必要在这里详细讨论这些问题,以便为一项研究扫清道路,我想在最后一次讲座中讨论该项研究,它与支持和反对弹性货币供给的论点有关。但是,对于我明天将要面对的任务来说,最好还是再次利用最简单的假设,就像我们在示意图中所做的那样,假设生产是在独立的、等长的阶段进行的,假定这个比例不仅在所有的生产阶段都是相同的,而且随着时间的推移也保持不变。

第三讲　价格机制在信贷周期中的作用

"由银行低于自然利率的贷款政策引发的生产活动增加的第一个效应是……提高生产品的价格,而消费品的价格只是适度上升……但很快出现了相反的趋势:消费品的价格上升,生产品的价格下降,亦即贷款利率上升,并再次接近自然利率。"

米塞斯

《货币与信用理论》,1912年,第431页

一

在上一讲中,通过可用于购买每个生产阶段产品的货币总量,我讨论了向资本化程度更高或更低的生产方式的转型而引起生产结构变化的问题。因此,我现在似乎要谈到解释相对价格的变化的问题了,正是相对价格的变化把货品导向新用途——这一问题是这些讲座的中心问题[①]——应该用分层次的价格水平解释,也就是说,

---

① 正如我们在第一讲中已经提到的,米塞斯教授最初讨论了货币利率和均衡利率之间的差异对相对价格的影响。然而,关于引起生产结构变化的价格机制的实际运

根据不同生产阶段的货品价格水平的变化来解释。但这样做就意味着，在目前的论证阶段，我应该回到刚才那种使用平均价格的方法，我在一开始就批评过这种方法。

与此同时，现在应该很清楚，在论证的这个阶段，采用平均价格来讨论将不能完成我们的目标。我们必须要说明的是，迄今为止一直在一个生产阶段使用的某些货品，为什么现在被用于另一个生产阶段时却更有利可图。现在，只有被有利可图地用于生产的任何阶段中的不同生产品比例发生变化时，才会出现这样的情况，而这反过来又意味着，在不同生产阶段为这些生产品提供的价格必须发生变化。

二

在这一点上，有必要介绍我在上一讲中提到的生产品之间的

作，他的著作仅仅包含了本讲座开头引用的几句话。似乎大多数人都觉得它们难以理解，而且对于那些不太熟悉其所依据的庞巴维克利息理论的人来说，它们仍然是完全不可理解的。主要的困难在于米塞斯教授的简短论述，即消费品价格上涨是经济危机的根源，而人们似乎自然而然地认为，这样做会使生产更有利可图。这是我在这里试图澄清的主要问题。迄今为止，先前关于这些相互关系的最详尽的论述，在某些方面预见到了下面几页所说的内容，可以在施特里格尔（R. Strigl）的"信贷扩张影响下的生产"（"Die Produktion unter dem Einfluss einer Kreditexpansion"）一文中找到［《社会政治协会》（*Schriften des Vereins für Sozialpolitik*），第 173 页，第 2 部分，慕尼黑，1928 年，特别是第 203 及其后诸页］。最近，施特里格尔教授在《资本与生产》（*Kapital und Produktion*）（维也纳，1934 年）一书中进一步阐述了他对这个问题的看法。现在可以在本讲座末尾的附加说明中找到较早预见本讲座中所形成的思想的一些参考资料。

一个新①区别：即可用于所有或至少多个生产阶段的生产品和只能用于一个或最多几个生产阶段的生产者财货。第一类不仅包括几乎所有原始的生产资料，而且也包括大多数原材料，甚至是许多非专业化的工具——刀、锤子、钳子等。②第二类适合于多数高度专业化的机械种类或成套制造设备，以及所有那些只有再经过若干生产阶段才能转化为制成品的半成品。通过对 F. v. 维塞尔的一个术语进行改编，我们可以把只能用在一个或几个生产阶段的生产品称为具有特定性质的生产品，或简称"专门性"（specific）货品，以区别于那些更普遍适用的生产品——我们可以称之为"非专门性"（nonspecific）货品。③当然，就我们总是需要判断某种货品是否具有专门性质而言，这种区分并不是绝对的。但是，我们应该能够说明，任何给定的货品与另一种货品相比，是否在某种程度上更为专门一些。

---

① 自从本书第一版出版以来，我就注意到这样一个事实，即在庞巴维克关于这些问题的一些讨论中已经清楚地表明了这种区别。参见他的《资本实证论》(*Positive Theorie des Kapitalzinses*)（第三版）第 195 和 199 页。

② 这个类别的生产品特别包括在完全相同的时期属于不同生产阶段的大部分财货。马歇尔写道[《原理》(*Principles*)，第 1 版，第 109 页]："当然，一些货品常常会同时属于几个阶段。例如，一列火车可能载着人们进行一次愉快的旅行，此处这是一种一阶货品；如果它碰巧同时载着一些罐头饼干、一些碾磨机械和一些用于制造碾磨机械的机械，那么它同时也是二阶、三阶和四阶货品。"在这种情况下，将其服务从较晚的阶段转移到较早的阶段（或者，用门格尔的术语来说，从较低的阶段转移到较高的阶段）当然特别容易。用于生产消费品的生产设备和更多生产机械的工厂设备有时主要用于前者，有时主要用于后者。

③ 参考维塞尔（Friedrich von Wieser）《社会经济学》(*Social Economics*)，福特·辛里奇（A. Ford Hinrichs）译，纽约，1927 年，第一册，第 15 章。

第三讲　价格机制在信贷周期中的作用

三

显然，在不同生产阶段中使用的同一种生产品，在任何时间长度内，都不可能在不同的生产阶段获取不同的收益或得到不同的价格。另一方面，同样清楚的是，在不同生产阶段出现的价格之间的暂时差异是实现生产品从一个阶段转移到另一个阶段的唯一手段。如果不同生产阶段的相对吸引力出现这种暂时性差异，有关货品将从吸引力较小的阶段转移到吸引力较大的阶段，直到通过收益递减规律消除这种差异为止。

现在，如果我们忽略技术性知识发生变化的可能性——该变化可能改变任何特定生产品的有效性，那么很明显，在不同生产阶段使用的某种生产品所获收益发生变化的直接原因必定是相关生产阶段产品价格的变化。但究竟是什么原因导致了这些产品的相对价格的变化呢？乍一看，同一生产系统的相继各阶段的价格互相之间似乎不太可能发生相对的涨跌，因为它们在同等程度上取决于最终产品的价格。但是，我们回顾上一讲中所讲的关于消费品需求和生产品需求之间可能发生相互转移的可能性，以及随之而来的原始生产资料消耗量和消费品产出之间关系的变化，以及生产过程的延长如何使一定数量原始生产资料所得的收益增加——这一点应该不会有什么困难。

到目前为止，我还没有明确提到由于相继的生产阶段的产品价格的相对波动而产生的价格差（price margins）是因为我故意地忽略了利息，或者说，我把利息当作好像是对某一特定生产要素支付的报酬一样的东西，比如工资或租金。在均衡状态下，这些差额完全被利息所吸收。因此，我的假设隐含了这样一个事实，即任何生产阶段的产品所获得的货币收入总量通常都会超过为这个生产阶段使用的所有货品和服务所付出的货币总量。然而，这种差额一定存在，这是显而易见的，因为考虑到，如果不存在这种情况，就不会存在冒险将货币投资于生产、而不是让其闲置的诱因。研究这些差额与迂回生产方式的特殊优势之间的关系，会使我们对一般利息理论的问题探讨得过多。因此，我们必须满足于接受它作为这一利息理论的一个明确结论，即——在其他情况保持不变的条件下——这些差额必须随着生产过程的迂回度增加而变小，反之亦然。然而，有一点我们不能视为理所当然。在均衡状态下，这些价格差和作为利息支出的金额是一致的，这一事实并不能证明在从一种均衡状态转型到另一种均衡状态的时期内也是如此。相反，这两个数量之间的关系必须成为我们进一步研究的主要对象之一。

这两种现象之间密切的相互关系表明我们可以采用两种不同方式来讨论我们的问题：我们可以从消费品需求和生产品需求的相对数量的变化入手，研究它对个别产品价格和利率的影响；或者，由于利率的变化作为生产品需求变化的直接影响，我们也可以由该变化开始，逐步发展到研究在价格差和利率之间建立新的均衡所必需的价格体系的变化。我们将会发现，无论我们选择这两种方法中的哪一种作为出发点，这一研究最终引导我们通向的都是另一种方法的出发点。我在本次讲座中选择上述两种方式中的第一种，因为它更符合我之前所作的论证。

四

正如开始上一讲那样，我从假设开始：假设消费者决定将其收入的较大一部分用于储蓄和投资。生产品的需求增加和消费品的需求减少的直接影响将是前者的价格相对上升，后者的价格相对下降。但是，各生产品的价格不会均匀上涨，也不会一律地上涨。在消费品的最后完成阶段，消费品价格下降的影响将比可用于购买各种生产品的资金增加带来的影响更强烈。因此，这个阶段的产品价格会下降，但其下降幅度会小于消费品价格的下降幅度。这意味着最后两个阶段之间的价格差在缩小。但这种价格差的缩小，将使最后阶段使用的资金的获利相对于较早阶段的更低，因此，在那时使用的一些资金将倾向于转移到较早阶段。资金的这种转移往往会缩小前几个阶段的价格差，由此形成的早期几个阶段积累的产品价格上涨的趋势很快就会克服价格下跌的趋势。换言之，任何一个生产阶段的产品价格上涨都会给前一阶段的生产带来额外的好处，前一阶段的产品价格上涨不仅是因为对生产品的需求总体上有所增加，而且还因为通过前几个阶段的价格上涨，在这些阶段获得的利润相对高于较晚的阶段。最终的结果是，通过晚期各生产阶段的价格下降，和早期各生产阶段价格的上涨，不同生产阶段之间的价格差将全面缩小。

各个不同生产阶段相对价格的变化必然会影响不同生产阶段的利润前景，而这反过来又会导致现有生产品的**用途发生变化**。可用于不同生产阶段的生产品——非专门性货品——的更大比例这时将被吸引到早期阶段上去使用,因为在早期阶段中,由于储蓄率的变化,将获得相对较高的价格。这种产品和服务的转移将继续下去,直到这些阶段收益的逐步减少使各生产阶段的利润均等为止。最后,这些货品在不同生产阶段获得的收益和价格将普遍较高,而且其中较大比例将用于生产过程的早期阶段。各生产阶段之间的价格差普遍缩小,甚至还有可能在以前没有利润的新的和关系更远的生产阶段开始生产,这样,不仅从第一个单位的原始生产资料投入使用到完成最终产品之间的平均时间会增加,而且生产过程的绝对长度——即其生产阶段数目——将会增加。①

虽然对非专门性生产品价格的影响是使其普遍上涨,但对更专门性的货品——即那些只能在一个或极少数生产阶段使用的货品——价格的影响将是不同的。如果这种货品只适应于相对较晚的生产阶段,那么,同一生产阶段所需的非专门性生产品的相对不足将降低其收益,如果它本身是一种产品,其生产就会受到限制。另一方面,如果这些货品属于相对较早的生产阶段,其价格和生产的数量就会提高。与此同时,作为向资本化程度更高的生产方式转型结果而开始的新增生产阶段,可能需要专门性的新货品。在这些货品中有一些将是新货品,另一些是以前无利可图的自然资源。

如果对消费品的需求相对于对生产品的需求增加,那么,所有

---

① 但是,生产结构的这种延长,绝不需要完全或主要采取改变任何一条单个生产行业所使用的方法的形式。生产早期阶段的价格上涨(利率下降)将有利于使用大量资本的行业的生产,并以损害使用较少资本的生产行业为代价,导致使用大量资本的行业的扩张。这样,在极端情况下,社会投资结构的总长度可能不会改变任何一个生产行业所采用的方法。

这些变化都将发生完全相反的情况。这不仅会导致最后一个生产阶段消费品或产品价格与前一阶段产品价格之间的差距增加，而且会导致相继的生产阶段产品之间价格差的全面增加。晚期各阶段的价格相对于早期各阶段的价格上涨，非专门性生产品从早期阶段向晚期阶段转移，专门性生产品在早期各生产阶段失去部分价值或完全无用，而在晚期各生产阶段专门性生产品的价值将增加。我还将在以后讨论这种对比的某些例外。

如果我们把生产的各个相继阶段看作是一把扇子，扇骨则对应着各个不同阶段的价格，这也许会有助于我们理解这些复杂性。如果更多的需求向着消费品一端集中——扇子打开，各阶段之间的差异就会变大，货品就会被吸引到可获得更高价格的那些阶段，即倾向于接近消费的阶段。那些最远离消费的阶段被放弃，在剩下的诸阶段内，更多的货品集中在一端。因此，伴随着价格扇的张开，生产阶段的数目减少，即扇骨的数目减少了。① 但是，如果需求从消费品转向生产品，价格扇就会闭合，即各阶段之间的差异将变得更小，货品将倾向于向现在价格相对较高的较高阶段转移，并将使新的和迄今尚未利用的能够使生产过程进一步扩展的潜力得到充分利用。在实际可能的范围之内，价格扇的闭合将使生产阶段的数目增加，从而开始向较长的迂回生产方式转型。

---

① 在这一点上，这个比喻容易产生误导，重要的是要始终牢记，"扇子"只是指价格关系，但生产结构的长度与扇子的宽度相比将成反向变动。当价格扇打开时，生产结构就会缩短，反之亦然。

五

用图形的方式可以更准确地表示这一过程。这样做的特别好处是，可以把一个相当重要的问题弄得很清楚，但是如果仅仅是对其进行口头解释就很可能会引起误解。在这种论述中，如果要避免过于繁琐的表述，就有必要谈到不同阶段货品相对价格的实际变化，在这种情况下，更为正确的做法是谈到这种变化的趋势或某一商品的需求函数的变化。需求的这种变化是否以及在多大程度上会导致价格的实际变化，当然取决于供给弹性，而在特定情况下，供给弹性又取决于每个阶段中间产品以及用以制造它们的生产要素的专门化程度。

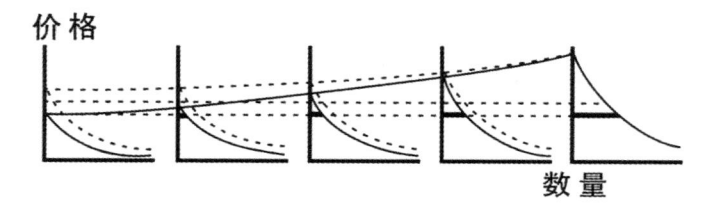

图 7

在不同的生产阶段，任何单一生产要素的需求变化的曲线的走向，可以用以下方式予以说明。在图 7 中，逐条曲线表示不同数量的某一生产要素在相继的生产阶段中的边际生产力，左边的表示早期的各阶段，向右是较晚的阶段。为了更加清楚地说明要点，假定由于这个生产要素的每一个新增单位而形成的产品的实际数量在

第三讲 价格机制在信贷周期中的作用

所有各阶段都以相同的速率减少,因此,曲线的总体形状是相同的。然而,生产要素的每一单位所产生出来的边际产品的价值将等于该要素在最后一个阶段的实物产品的价值,而在这个最后阶段里,生产要素的投入与产品完成之间没有时间间隔。因此,如果我们假设右边的曲线不仅代表相继用于该阶段的各单位生产要素的边际产品的实物产量,而且代表它们的价值,如果要用其他代表早期阶段所用生产要素的边际实物产品的曲线代表相继用于各阶段的各单位生产要素的边际产品的贴现价值,就必须做一些调整。如果我们假设这些曲线所指代的点,像前面讨论的那样,是一些等距的阶段,那么,在任何给定的利率下,必要的调整可以通过绘制一条贴现曲线(或一系列贴现曲线)来表示,该贴现曲线将右边曲线的每一点与左边曲线的对应点连接起来,然后再把这些曲线的每一条线降低,降低的幅度为贴现曲线所显示的量。(由于这些曲线上的每一点都必须分别进行调整,也就是说,必须降低相同的百分比,而不是相同的绝对数量,因此不仅要改变这些曲线的位置,还要改变这些曲线的形状)图7所绘制的一组实线表示在某一给定利率(由贴现曲线表示)下的状况,这条贴现曲线也是一条实线。由于这些曲线显示了某种生产要素的边际产品的贴现价值,这种要素在不同的生产阶段当然必须是相同的,因此它们使我们能够确定在每个阶段将使用多少这种要素,当然前提是,如果它的价格或在这个过程中将使用的总量是已知的。图中的水平实线表示,在任意假定的价格下,生产要素在不同生产阶段之间的分配情况。

现在假设利率降低了。新的状况由画成虚线的贴现曲线和各个阶段的边际生产力曲线的形状和位置的相应变化来表示。在这些条件下，生产要素在各阶段之间的旧的分配显然不代表均衡状态，而是代表每个阶段中边际产品的贴现值都不同的状态。如果可利用的要素总量保持不变，新的均衡分配显然将是这样一种情况：不仅生产要素的价格会更高，而且其在早期阶段使用的数量也大大增加，在后期阶段则相对较少。

综上，这解释了用在不同生产阶段生产要素的价格和其分配情况的变化。不同要素的价格会在多大程度上以及在多大比例上受到利率的一定变化的影响，将取决于这些要素被用于哪个阶段以及这些阶段边际生产力曲线的形状。一种可以用于大多数早期阶段但边际生产力下降非常缓慢的生产要素的价格由于利率下降而上升得更多，上升幅度将大于一种只能用于再生产的相对较低的生产阶段的生产要素，或在早期阶段边际生产力下降非常迅速的生产要素的价格的上升幅度。

各个相继的阶段中间产品相对价格发生变化，实质上就是由不同生产要素价格变化之间的这种差异引起的。初看起来，好像由于不同中间产品的相对价格必须与其各自的成本相对应，它们变化的幅度相对较小，只能等于其成本中的直接利息因素变化的幅度。但是，如果把利息仅仅看作是一个直接成本因素，实际上我们就忽视了它对生产的主要影响。更重要的是，利息通过对中间产品需求和生产中间产品的生产要素的影响而对价格产生作用。正是由于这些需求的变化，以及由于提高早期阶段需求旺盛的生产要素（与那些需求较少的生产要素相比）的价格而引起成本的变化，对中间产品的价格进行了调整。

六

由于消费品和生产品的相对需求的变化引起的相对价格的初始变化,导致货品向其他生产阶段的大量转移,因此,只有在货品的转移完成之后,才能建立确定的价格关系。我将在稍后讨论其原因,这个过程可能需要一些时间,而且涉及供求之间存在暂时性差异。但是,有一种贷款市场利率媒介,通过它,可以立即感受到对相对价格的预期的最终影响,并且贷款市场的利率相应地作为个体企业家决策的指导。储蓄货币的人同时也是希望把货币用于生产上的人,这种情况相对较少。因此,在大多数情况下,用于新用途的货币必须首先转移到其他人手中。究竟谁将使用这笔可投资于生产品的新增资金,将由贷款市场决定。只有以低于以前通行的利率才有可能将这些资金放贷,而利率下降的幅度将取决于新增资金的数额和愿意扩大生产的企业家对获取多少利润的预期。如果这些企业家对预期由于生产方式的变化而引起的价格变化抱有正确的看法,那么,新的利率就应当与最终将建立的价格差体系相一致。这样,变得可用的新增资金的使用自始就将仅限于那些希望从其使用中获得最高利润的企业家,而且所有因新增资金不足而无法进行的生产扩张将不予考虑。

七

如果价格的"自然"运动受到货币供给变动的扰动(这种扰动

不论是向流通领域注入新货币或回收部分流通货币),当我们转而研究其所产生的影响时,这些价格机制调整的意义就变得更清楚了。我们可以再次以两个典型情况为例,(1)将新增货币首先用于购买生产品,(2)将新增资金首先用于购买消费品。我们可以忽略货币数量减少的相应情况,因为对消费品需求的减少,实际上与对生产品需求的成比例增加本质上具有同样的效果,反之亦然。[①] 我已经在上一讲中概述了这种情况下的一般趋势。目前的任务是在这一框架上填充细节,并说明在达到一个新的均衡之前的时段里将会发生的情况。

同以前一样,我首先假设这些新增的货币是通过贷款给生产者而注入的。为了确保借款人获得这笔新增的货币,必须把利率维持在充分低于均衡利率的水平,以便仅仅使用这笔资金就能获利,而不用更多。现在,借款人只能用借来的这笔资金购买生产品,而且只能通过高于原来使用这些货品的企业家的出价来获得这些货品(假设处于一种没有闲置资源的均衡状态)。乍一看,这些借款人以较低的利率借到资金才能启动较长的生产过程,他们的出价似乎不太可能超过那些在利率仍然较高时发现使用这些生产资料有利可图的企业家。但是,如果人们记得,利率的下降也会改变现有企业不同生产要素的相对盈利能力,那么可以发现,对于那些按比例使用更多资本的企业而言,利率的下降应该使他们更有相对优势,这是很自然的。这些老企业现在会发现,把它们以前花在原始生产

[①] 正如我在另一处试图表明的那样(《计量经济学》,1934年4月,第164页),尽管实际上极不可能发生,但人们甚至可以想象,在购买消费品之前积攒货币收入,可能会引起一些追加投资。

资料上的资金的一部分转而花在早期生产阶段生产的中间产品上是有利可图的,这样,它们将释放它们以前使用的一些原始生产资料。原始生产资料价格的上涨是一种额外的诱因。当然,这些企业家可能处于更有利的地位以更高的价格购买这些货品,因为他们已经在利率较高的时候经营企业,然而不要忘记,他们将来也不得不以较低的利润率来经营企业。但是,某些生产品价格变得更加昂贵这一事实,将使他们用其他货品取代这些财货变得更易获利。特别是,原始生产资料的价格与利率之间比例的变化,将使他们把目前为止用于原始生产资料的一部分资金用于购买中间产品或资本货品更有利可图。例如,他们将从另一家公司购买他们过去经常自己生产的部分产品,现在可以利用因此被节省下来的劳动力,以便借助新的机器来大规模生产这些产品。换句话说,新的生产阶段所需要的那些原始生产资料和非专门性的生产品,由于其价格上涨引起老企业向资本化程度更高的生产方式转型而得到释放。在老企业中(我们可以方便地但不十分准确地称之为新货币注入之前的生产过程),将会向资本化程度更高的生产方式转型;但很有可能这种转型将在不改变它们的资源总量的情况下发生:它们将减少对原始生产资料的投资,而增加对中间产品的投资。

当通过运用新的储蓄进行投资启动类似生产过程,与我们发现的情况相反,现在将原始生产资料和非专门性的中间产品应用于较长的生产过程,而不会事先减少消费。事实上,在一段时间内,消费甚至可能在更迂回的生产过程实际开始之后以不变的速度继续下去,因为已经进入较低生产阶段而具有高度的专门性的货品,将向前流动很短的时间。但不能再继续下去。当生产阶段的产出减少——生产品从这些阶段撤出以供更高阶段使用，这些产出达到成熟阶段转变为消费品，消费品的稀缺性就会显现出来，这些货品的价格就会上升。如果在向长期的生产方式改变之前进行储蓄，那么，消费品的储备就会以增加库存的形式积累起来，现在就可以不减价出售，从而有助于度过从旧的较短流程的最后一件产品进入市场到新的较长流程的第一批产品准备就绪之间的时段。但就目前情况而言，在一段时间内，整个社会将不得不承受消费的非自愿减少。

但这种承受的必要性将受到抵制。个人极不可能忍受自己实际收入的意外减少，而不会试图通过增加消费支出来克服这种情况。这恰恰发生在许多企业家知道自己至少在名义上可以掌控更多资源并期望获得更多利润的时刻。与此同时，由于企业家可用于投资的货币数量增加，其结果就是收入阶层的收入也将会增加。毫无疑问，面对消费品价格的上涨，这些增加的货币将花费在这些货品上，从而推动价格上涨得更快。这些决定不会改变立即可用的消费品数量，尽管它可能会改变这些财货在个人之间的分配。但是，这是最基本的一点——这将意味着对消费品需求与对生产品需求之间的比例将发生新的逆转，转向有利于前者。因此，消费品的价格将相对于生产品的价格上涨。而这种消费品价格的上涨将更为显著，因为这不仅是消费品需求增加的结果，而且也是缘于以货币衡量的需求增加。如果对消费品需求的增加不能通过向生产者提供新的银行贷款来进一步按比例注入货币来抵消，那么，所有这一切必然意味着回到较短或更少迂回的生产方式中去。在起初这种情况是有可能发生的。消费品价格的上涨将使企业家有望获得暂时的额外利润,他们将更愿意以通行的利率借款。因此,只要银行继续逐步增加贷款,就有可能使延长的生产方式继续,甚至可能进一步延长这些生产方式。但由于显而易见的原因,银行不能无限期地继续扩张信贷;即使银行能够这样做,价格快速和持续上涨的其他影响也会在一段时间后使其必须使这种通货膨胀的过程停止。①

让我们假设,在一段时间内,或许一两年内,银行通过将利率维持在均衡利率以下扩张了信贷,而现在发现自己不得不停止进一步扩张。会发生什么情况呢?(在这一点上,也许在这里应该提到,我现在要描述的这些过程在以下情况下仍然产生:如果现有资本受到损失,或者在一个正在发展的社会中,储蓄暂时增加后,利率突然下降到以前的水平。然而,这些情况在数量上可能不那么重要)

从以上所讲可知,银行停止增加贷款的直接影响是,花费在消费品支出上的货币数量的绝对增长,不再能够通过生产品需求的成比例增长得到弥补。对消费品的需求在一段时间内将继续增加,因为它必然总是滞后于新增的投资支出,而投资的增加导致货币收入的增加。因此,这种变化的影响将类似于我们必须讨论的第二种情况,即用消费者信贷来增加货币的情况。因此,可以将这两种情况合二为一来讨论。

---

① 要更全面地讨论为什么这种扩张过程最终必须结束,银行是否受到准备金条例等的限制,以及接下来几段中提到的一些观点,请参阅我关于"资本和产业波动"的文章,《计量经济学》,1934 年 4 月,第 161 页。

八

一般来讲，可以说，消费品需求相对增加的影响与生产品需求相对增加的影响相反。然而，有必要对这两个重要的区别进行详细的说明。

消费品价格上涨的第一个影响是，消费品价格与前一阶段货品价格之间的价格差大于在较高的各生产阶段的价格差。在这一阶段获得的更大利润将导致在其他阶段使用的生产品被转移到这一阶段，随后各生产阶段之间价格差的全面提高将导致非专门性生产品向较低阶段的广泛转移。对这些货品的新需求将导致它们的价格相对上涨，而且这种上涨往往是相当可观的，因为正如我们所看到的，由于供求之间的短暂失衡，消费品的价格将出现暂时的上涨，这种上涨幅度将大于消费品供给赶上需求之后的上涨程度。此外，这些消费品的暂时稀缺的价格还将产生这样的影响，即在起初，生产阶段将趋向于缩减到少于消费品的均衡价格确立之后所必要的阶段。

很快，原始生产要素和流动性较强的中间产品价格的相对上涨将使较长的生产过程无利可图。对这些过程的第一个影响是，由于互补性非专门货品的退出，那么，那些专门性更高的生产品显得相对丰富。这些货品价格的下降将使它们的生产无利可图，其结果将是停止生产。虽然处于生产晚期生产阶段的货品一般专门性更高，但可能仍然需付费来使用原始生产要素完成这些接近完工的产品。但是，中间产品价格的下降幅度将是累积增大的，这将意味着至少

第三讲　价格机制在信贷周期中的作用

在较长生产过程的所有早期阶段中都有可能突然停工。

但是，虽然非专门性货品，特别是在这些早期阶段雇用的工人的服务，因为它们的数量不足而且价格过高而无法贯穿长期生产过程而获利，因而被放弃使用，但并不能肯定的是：所有那些不能再用于旧的生产过程的东西，都能够被正在扩大的短期过程直接吸收。恰恰相反，较短的生产过程必须从头开始，只有在它的产品逐渐向消费方向趋近的过程中，以及必要的中间产品出现时，才能逐渐吸收所有现有待用的生产品。因此，虽然在较长的生产过程中，一旦专门性和非专门性货品的相对价格变动有利于后者，并且利率上升刚刚使较长生产过程无利可图，生产活动就几乎停止，但只有在新的较短的生产过程接近完成时，释放的弃置不用的货品才能获得新的用途。① 此外，至于最终结果将是有利可图的那种生产方式，一旦消费品的暂时短缺情况消失，最初的不确定性将导致最终的适应性变化进一步受阻减缓。对于使企业家能够以相对较少的资本和相对较多的原始生产资料进行生产的投资，他们在使该种投资适用于这一过于缩短的生产过程时，将会犹豫不决，这是理所当然的。

这似乎有点自相矛盾，完全相同的货品，其短缺性一直是危机的原因，由于同一危机，结果这些货品无法销售出去。但事实是，当对消费品成品的日益增长的需求减少了所需的部分非专门性生

---

①　向较长的生产过程过渡（未必带来任何特殊的扰动）和向较短的过程过渡（将经常伴随着危机）之间的这种不对称的原因就会更加明显。如果我们认为在前一种情况下，在新的生产过程完成之前，必然有时间摊销投资于现有生产结构的资本，而在后一种情况下，这显然是不可能的，因此，资本的损失和收入的减少是不可避免的。（在所有这些讨论中，都假定技术知识保持不变；由于技术进步而缩短生产结构与由于消费增加而缩短生产结构具有完全不同的意义）

产者财货时,剩余的生产品不足以满足长期生产过程的需要,对于可以长到足以使用所有这些非专门性生产品的生产过程,这些过程所需的特定种类的专门性货品尚不存在。这种情形类似于居住在一个孤岛上的人们的情形,如果他们在建造了一台为他们提供所有必需品的巨大机器的部分之后,发现在新机器生产出产品之前,他们已经耗尽了所有的储蓄和可用的自由资本。这样,他们就别无选择,在没有任何资本的情况下,只能暂时放弃这个新生产过程的工作,把所有的劳动力都用来生产日常食物。只有当他们能够得到新的食物供给之后,他们才能着手使新机器投入运营。[①] 然而,在现实世界中,资本的积累使人口的增长远远超过了没有资本就能就业的人数,一般来说,若没有资本可以借助,单个工人将无法生产足够的生活用品,因此,他可能会暂时失业。对于需要其他货品和服务与之协同使用的所有货品和服务,这个道理同样适用,而这种协同合作在此类生产结构发生变化后,可能无法获得必要数量的此类协同货品和服务。

在这一点上,正如在许多其他方面一样,我们不得不承认一个现今经常被忽视的基本事实,即只有我们满足于仅仅消费我们总财富的一部分,这部分即为在现有的生产组织下指定要用于当前消费的这部分财富,资本化的生产机器才能顺利运转。每一次消费的增加,如果不影响生产,就需要以前的新储蓄,哪怕现有的具有耐久生产工具的材料足以应付这种产量的增加。如果要保持生产的持

[①] 参考兰道尔(C. Landauer),《计划经济与贸易经济》(*Planwirtschaft und Verkehrswirtschaft*)给出了非常类似的例子,1931年,第47页。

续增长，那么，就必须按比例增加各个阶段的中间产品的数量；这些新增数量的货品在生产过程中所构成的资本当然并不比耐久工具少。那种感觉现有的业已存在的资本结构将使我们能够几乎无限期地增加产量的印象，实则是一种假象。无论工程师如何告诉我们现有生产设备的未使用的巨大生产潜力，实际上都不可能将生产增加到他们所说的那样大的程度。这些工程师们，还有那些认为我们拥有的资本比我们所需要的还要多的经济学家，被这样一个事实所蒙蔽，即许多现有的工厂和机器已经适应了比实际产出大得多的产出。他们所忽视的是，耐久的生产资料并不代表增加产量所需的全部资本，而且，为了使现有的耐久设备能够充分发挥其生产能力，就必须在较长的生产过程中投入大量其他生产资料，而这些过程只有在相对较远的将来才会取得成果。因此，存在闲置的生产能力绝不是存在资本过剩和消费不足的证明；相反，这是一种表明我们无法充分利用固定设备的征兆，因为目前对消费品的需求太紧迫，不能允许我们将目前的生产性服务投放于较长的生产过程，而这些必要的耐久设备正可供这些较长的生产过程［"资本的误导"（misdirections of capital）的后果］使用。

九

至此，我们终于得出了一个解释：即为什么有些现有资源在某些时候无法使用，以及在这种情况下，这些资源如何根本不可能出售——或者就耐久品而言，只能付出以极大的代价才能出售。在我看来，为这个问题提供答案似乎一直是任何工业波动理论的中心任务；尽管一开始我拒绝将我的研究建立在假设闲置资源存在的基础上，但既然我已经尝试对这一现象做出初步解释，与其花时间详细阐述经济复苏过程来填补这个工业周期的图景，似乎不如在本讲座的余下时间里进一步讨论这一问题的某些重要方面更值得。既然我们已经解释了闲置资源的存在，我们甚至可以进一步假设，闲置资源的存在或多或少是除经济繁荣时期外的常态。如果我们做这样的假定，就必须把我们的理论应用于这种情况，以对我们之前关于货币流通量变化对生产影响的研究进行补充。由于闲置资源的存在常常被认为是证明银行信贷扩张完全合理的唯一事实，因此我们这种分析的扩展就更为必要。

如果上述分析是正确的，那么应该相当清楚的是，向消费者提供信贷——最近大力提倡将其作为挽救经济萧条的一种方法——实际上会产生完全相反的效果；对消费品的需求相对增加只会使事情变得更糟。就为生产目的提供信贷的影响而言，事情并不是那么简单。至少从理论上讲，在危机的最严重阶段，当资本化的生产结构的萎缩幅度往往超过最终所证实的必要程度时，扩大生产者信贷可能会产生有益的影响。但是，只有这样增加生产贷款的情况才行：即对贷款数量进行严格的管制，恰好能补偿消费品相对价格最初的过度上涨，并且能够做出安排，在其价格下降，而且消费品供给与中间产品供给之间的比例本身同这些产品的需求之间的比例相适应时，收回新增的信贷。即使是这些信贷，如果它们使迂回过程看起来有利可图，也会弊大于利，即使在严重危机消退之后，如果没有借助新增信贷，这些迂回过程也无法持续下去。坦率地说，我看不出银行如何能够将信贷始终控制在这些限度之内。

而且，如果我们从真正的危机时刻过渡到随后的萧条时期，就更难看到信贷扩张能产生什么持久的好效果。确保健康状态所需要的是使生产结构尽可能迅速和彻底地适应消费品需求与生产品需求之间的比例，其由自愿储蓄和消费来决定。如果由个人自愿决定所形成的比例因人为制造的需求所扭曲，这必然意味着部分可用资源再次被引向错误的方向，并使明确和持久的调整再次被推迟。而且，即使以这种方式加快吸收闲置资源，也只意味着已经播下了新的动荡和危机的种子。因此，如果要永久"调动"所有现有可用资源的唯一办法是，不使用人为的刺激——无论是在危机期间还是危机之后——而是听任时间通过缓慢的调整生产结构以与可获得的用于资本目的的生产资料相适应来永久解决问题。

十

因此，在我们的分析即将结束时，我们得出的结论只能证实一个古老的真理：我们或许可以通过及时遏制经济扩张来预防一场经济危机，但一旦危机到来，我们无法在危机自然消逝之前摆脱它。在下一讲中，我将讨论一些与防范危机的货币政策有关的问题。与此同时，虽然我们的研究至今未能给出预防危机再次发生的方法，但我希望，它至少为信贷周期中错综复杂的冲突走势提供了一个指导，经证实这可能有助于分析诊断任何时候存在的情况。如果是这样，似乎可以直接得出当前普遍用于商业波动的统计分析方法的某些结论。第一，我们对专门性货品和非专门性货品价格不同表现的解释，应有助于以有更合理依据的价格分类取代根据价格的敏感性对价格进行粗略的经验分类。第二,一般价格的平均波动没有向我们表明任何真正相关的实际情况;实际上,一般来说,通常使用的价格指数甚至无法达到其直接目的,因为出于实际原因,所使用的数据几乎完全基于非专门性的货品的价格,从统计方法所要求的意义上说,这些数据绝不是随机样本,而始终是有偏向的选择,只能说明这类货品价格的特殊变动。第三,出于类似的原因,人们每次试图找到一种统计方法,以生产总量或贸易总量或一般经济活动的总平均数的形式,或不管你们怎么称呼它,都只会掩盖真正重要的现象——即我在前两次讲座中已经提请你们注意的生产结构的变化。

第三讲附录 上一讲中提出的学说的发展史的相关注释

在前面一讲已经阐述过的商业周期理论的中心思想并不是什么新见解。人们常常强调，产业波动主要表现为资本设备结构的交替扩张和收缩。在19世纪下半叶之初的一段时间里，这种理论甚为流行，享有盛誉，当时财经记者经常使用一个被合理解释的术语，其看起来本质上意味着与这里使用的论点相同。据说，"虚拟资本"（fictitious capital）的创造导致了过多的流动资本向固定资本的转化，最终导致了可支配资本或流动资本的匮乏，使得新的事业无法继续或完成，从而最终导致了崩溃。这些理论之所以没有被证明更富有成效，似乎是因为所使用的概念——特别是不同种类资本的概念，其含义太不确定，以至于无法清楚地表明其真正意义。但是，即使出于这个原因，它们在19世纪60—70年代的流行只是暂时的，其作为一种相当长期的、持续的思潮的表达形式也是有相当影响的，这种思潮偶尔会非常接近现代思想，在某些情况下直接引发今天的一些最著名的理论。

我没有对这些学说的发展做过特别的研究（它们本应值得研究），因此，我所能做的只是简要概述一下这些学说的主要发展脉络。所有这些学说似乎都可以追溯到李嘉图在其《原理》第三版

"论机器"一章中提出的将流动资本转化为固定资本的学说。1839年,美国的康迪·拉盖(Condy Raguet)做出了一个相对较早的尝试,试图将这些思想应用于危机的阐释。① 但主要发展并广泛推广这一理论的作者是《经济学家》杂志第一任编辑詹姆斯·威尔逊(James Wilson)。② 许多英国和法国作者似乎都是从他那里采用了这个学说。在英国,尤其是与"曼彻斯特统计学会"有联系的一群经济学家接受了这个观念。阿什顿(T. S. Ashton)先生在他最近的《这个社会的百年历史》③ 中引用了威廉姆斯(T. H. Williams)1857年和约翰·米尔斯(John Mills)1867年为该学会所做的演讲中引用摘录的极其值得关注的几段,这些摘录清楚地表明了他们都极为重视"过多的流动资本转变为固定资本";他特别提请人们注意W. S. 杰文斯早期小册子中关于《黄金价值严重下跌》的一段重要文字,该书是在1863年——他来到曼彻斯特不久后出版的。他说,商业浪潮的原因"似乎在于,永久和远期投资的资本向短期的暂时性投资的仅仅对其自身进行再生产的资本之间的比例变动"。④ 该

---

① 康迪·拉盖,《货币与银行论》(*A Treatise on Currency and Banking*),伦敦,1839年,第62及其后诸页。

② 詹姆斯·威尔逊,《资本、货币和银行业》(*Capital, Currency and Banking*),伦敦,1847年,第11、13和16条,特别是第152及其后诸页(第11、13和17条,第2版,1859年)。

③ 阿什顿,《曼彻斯特的经济和社会调查》(*Economic and Social Investigations in Manchester*),1833—1933。《曼彻斯特统计学会百年历史》(*A Centenary History of the Manchester Statistical Society*),伦敦,1934年,第72及其后诸页。

④ 杰文斯,《确定的黄金价值的严重下跌及其社会影响》(*A Serious Fall in the Value of Gold Ascertained and Its Social Effects Set Forth*),伦敦,1863年,第10页,转载于《货币与金融调查》(*Investigations in Currency and Finance*),伦敦,1884年,第28页。

作者后来第一个为现代资本理论提供了基础，而现代资本理论现在使我们能够对这些思想赋予更明确的含义，他的这种说法受到特别的关注，并且令人好奇是否由于他早期对商业周期问题的关注，才促使他对时间因素在资本方面所起的作用有了正确理解。

不久之后，博纳米·普莱斯（Bonamy Price）详细地阐述了这些理论。[①] 伊夫·盖奥（Yves Guyot）指出，在法国的其他作者从普莱斯那里继承了这些理论，如库塞尔·塞内尔（J. G. Courcelle-Seneuil）和博内特（V. Bonnet）[②] 也在类似的领域进行研究。盖奥把这一理论总结为"商业和金融危机不是由过度生产引起的，而是由过度消耗引起的"[③]，并无不当之处。

在德文文献中，类似的思想主要是由卡尔·马克思（Karl Marx）的著作引介的。杜冈-巴拉诺夫斯基（M. v. Tougan-Baranovsky）的著作正是建立在马克思的基础上，反过来又为斯皮特霍夫（Spiethoff）教授和卡塞尔（Cassel）教授后来的著作提供了依据。本系列讲座中发展出来的理论在多大程度上与以上最后两位作者的理论相符，特别是与斯皮特霍夫教授的理论相符，就无需在此强调了。

另一位当代作者布雷西亚尼-图尔罗尼（C. Bresciani-Turroni）

---

① 博纳米·普莱斯在许多场合讨论了这些问题，然而，特别要参考的是他在《实用政治经济学》（*Practical Political Economy*）中的各章节，伦敦，1878年，第110—124页。

② 关于这些作者，参见伯格曼（E. v. Bergmann），《国家经济学危机理论史》（*Geschichte der nationalökonomischen Krisentheorien*），斯图加特，1895年，其中读者可以找到属于同一类别的更多作者的参考资料。

③ 伊夫·盖奥，"科学经济学"（"La Science Économique"），英译版，《社会经济原理》（*Principles of Social Economy*），伦敦，1884年，第249页。

教授显然也从同样的思想中受惠,他对这些问题的看法与本系列讲座中的观点更为密切相关,但不幸的是,我只是在他收集了其早期散落的文章编成专集之后的书中才了解到他在这方面的工作。在我看来,他对德国通货膨胀的不朽的研究(《德国马克的变迁》(*Le Vicende del Marco Tedesco*,米兰,1931年)是近年来对货币研究最重要的贡献之一。特别是关于通货膨胀对生产的影响以及通货稳定后资本稀缺的章节[第5章和第10章,后者的德文缩略版出现在迈尔(H. Mayer)编的《当前的经济理论》中,第2卷,维也纳,1931年]在我看来似乎是非常有意义的,并且包含了这些难以解决的理论问题的大量具体例证,这在其他著述中是找不到的。几乎没有其他关于经济问题的外国书籍与其有同样地位,值得以英文译本出版。

鉴于商业周期的许多理论都十分重视不同形式的"资本"之间的相互关系,人们可能会认为,这一领域的研究应当从资本理论中得到相当大的帮助。但迄今为止,这种情况仅在非常有限的程度上体现,主要是因为这一理论的现状令人相当不满意,它主要涉及的是毫无用处的术语辩论,或质疑资本是否应被视为一个单独的生产要素以及如何界定这一要素的问题,而不是将一般性问题生产延续的"方式"作为其主要任务。如果它最终成为这样一个商业周期理论,即有意识地利用我们所掌握的唯一令人满意的资本理论——即庞巴维克的理论(该理论将被证明是成功的)的结果,那不足为奇。然而,必须承认,到目前为止,学者中除了两个重要的例外,对庞巴维克思想的进一步阐述并没有帮助我们进一步讨论商业周期的问题。这两个例外是维克塞尔和他的学生阿克曼(G. Akerman)教授。特别是后一位作者在《真实资本和资本利息》(分为两部分,斯德哥尔摩,1923年和1924年)中进行的艰深但重要的研究,在我写作这些讲稿时我还不知道此书,在我看来,这些研究特别值得注意,因为这是为澄清耐久资本品的存在所引起的难题所做的为数不多的努力尝试之一。

然而,资本理论和商业周期理论之间的关系今后可能发生逆转,前者将受益于后者的进步,这似乎并非不可能。只有通过研究资本主义生产结构的变化,我们才能了解支配资本主义生产结构的因素,而商业周期似乎是这些变化的最重要表现。因此,对商业周期问题的研究引起对资本理论的研究也就不足为奇了。如前所述,杰文斯可能就属于这种情况,最近斯皮特霍夫教授当然也是如此[参见他的"关于生产过剩理论的初步评论"("Vorbemerkungen zu einer Theorie der Ueberproduktion"),《施莫勒年鉴》(*Schmollers Jahrbuch*),第26章,1902年,特别是第299页,以及他的文章"资本理论"("Die Lehre vom Kapital"),《19世纪德国经济的发展》(*Die Entwicklung der Deutschen Volkswirtschaft im 19. Jahrhundert*),第1卷,1908年]。

第四讲 支持和反对"弹性"货币的理由

> "货币狂人90%的著作……所共有的观念是,每一批货品生来就有资格在颈项上贴上等值的货币标签,并将其戴在颈项上直至死亡。"
>
> D. H. 罗伯逊
> 《经济学刊》,第23期,1928年6月,第142页

一

如果上次讲座中提出的看法都是正确的话,那么,人们通常提出的用以证明流通媒介的数量应该随着产量的增加或减少而变化的理由似乎是完全没有根据的。更确切的说法是,当货币数量保持不变而生产增加时,生产率的增长必然伴随着价格的相应下降,价格的这种下降不仅是完全无害的,而且事实上是避免对生产的错误导向的唯一手段。就向更加资本化的生产方式转型而导致的生产增加而言,这一结果与支持某些建议的理论相似,这些建议旨在稳定货币价值以维持收入或生产要素的价格不变,而不是消费品的

价格不变,允许消费品的价格随着成本的下降而下降,反之亦然。①
然而,正如我们所看到的那样,有效货币流通量的完全不变会产生进一步的影响,即向更加资本化的生产方式的任何转型也会使货币收入减少成为必然结果,除非生产完全纵向一体化。鉴于人所共知的工资刚性,这种必然结果当然是人们非常不愿接受的,但只有在能够向经济体系注入所需的新增货币,使消费品货需求与生产品需求之间的比例不受影响的情况下,才能避免货币收入减少,而又不致引起生产方向的误导。毫无疑问,这是一项在实践中无法解决的任务。但是,除了由于存在刚性而可能产生的特殊困难之外,我认为上述结论在这里不仅适用于向更加资本化的生产方式转型的情况,而且适用于吸收闲置资源而使生产增加的情况。此外,根据另一系列推理——这些推理链太过冗长、太过复杂,无法在这里重现,我在其他地方已经概略地叙述②——还能证明此结论原则上甚至可以适用于因人口增长、发现新的自然资源等此类引起生产增加的特殊困难的情况。但是,无论如何,我们得出的结果与普遍被接受的观点有显著的差异,需要进一步阐明。

---

① 马歇尔、皮尔逊(N. G. Pierson)、莱克西斯(W. Lexis)、埃奇沃思(F. Y. Edgeworth)、陶西格、米塞斯、庇古、罗伯逊和哈伯勒(G. Haberler)等人一再指出,随着生产力的提高,价格下降是没有害处的。(更详细的参考文献请参阅我的文章"储蓄的'悖论'",《经济学刊》,1931 年 5 月,第 161 页)另外参考金(W. J. King)在《美国统计协会杂志》(*Journal of the American Statistical Association*)(1928 年 3 月,补编第 146 页)提及的,由莫里斯·莱文(Maurice Leven)博士提出的稳定化建议,以及霍特里在《皇家统计学会杂志》的文章,第 93 卷,第 1 部分,1930 年。

② 在一篇题为"跨期价格均衡和货币价值运动"的文章中,《世界经济档案》,第 28 卷,1928 年 7 月。

二

对于货币数量随着生产量的波动而波动是"自然的"这一观念,如果我们看一下现代经济学家在理论分析中对它的运用,就能很好地观察到该观念在许多现代经济学家的头脑中是多么根深蒂固。例如,卡塞尔教授当然是这一观点的杰出代表,在最近的一篇文章中讨论价格问题[①]时,他写道:"最简单的假设是,一个国家的纸币受到严格的管制,以维持一般价格水平不变。"我们再引用另一位著名权威的话——庇古教授也表达了同样的观点,他认为,[②]如果拥有纸币的国家为了就某种意义保持一般价格水平的稳定而对其进行管制,那么就不会有来自货币方面的推动,其可以被恰当地称为"自主的"推动作用。这两种说法都意味着,如果流通媒介数量的变化恰好足以维持一般价格水平的稳定,其对价格的形成就没有切实的影响,因此,受到如此管制的货币将对价格保持"中性",我基于其对价格的意义使用"中性"这个词。我看不到这个假设的任何依据和基础,尽管大多数人认为这是一个明显的陈词滥调,不需要进一步的证明。在我看来,前几次讲座中所讲的一切似乎都证明,货币流通量的变化应该是以生产量的变化为依据,但货币流通量的这种变化所产生的扰动作用与造成一般价格水平变动的货币流通量的变化所产生的扰动作用一样。从表面上看,就"中性"这

---

① 《经济学杂志》,第38卷,1929年12月,第589页。
② 《产业波动》(*Industrial Fluctuations*),第二版,1929年,第101页。

个意义而言，我建议我们应该期望货币供给量保持不变。问题是，真的是这样吗？如果要避免严重的扰动，难道除了经验表明的生产量的变化以外，就没有其他多种原因可以成为流通中的货币数量的变化的正当理由吗？

我认为，对于大多数经济学家来说，流通媒介数量不变的观念似乎完全是荒谬的。我们一直就被灌输这样的观念：弹性货币是人们非常渴望的东西。而且认为保障弹性货币安全的现代货币组织（尤其是最近的美国联邦储备制度）是一项重大成就。毫无疑问，一个国家进行贸易所需的货币数量随着季节的变化而有规律地波动，中央银行应该对"货币需求"的这些变化做出反应，它们不仅能够在不造成危害的情况下做到这一点，而且如果它们不想引起严重扰动，就必须这样做。长期以来的经验也证明了这一事实，即在危机时期，中央银行应提供更多的便利，增加宽松措施，从而扩大货币的流通，以防止恐慌，而且它们在很大程度上可以这样做而不会产生有害的影响。我们如何将这一切与我之前讲座的结论协调起来呢？

三

首先对某些术语进行说明。很明显，我在理论分析过程中所称的"流通中的货币数量"与在讨论上述实际问题时通常在同一名称下所称的数量并不完全相同，而是在两个方面有所不同。当我在分析过程中谈到货币数量的变化时，总是指包括在封闭的经济体系（即与外部世界没有交往的国家）或整个世界经济体系中所使用的所有交换媒介（包括所有的所谓的货币"替代品"）的总和。但在讨论实际问题时,我们谈到的流通中的货币数量,总是指构成一个较大经济单位的一部分的一个或几个国家内使用的某一种或某几种交易媒介的数量。现在,正如我们将要看到的,从开放社会流通的货币数量的定义可以看出,即使我们假设包含在更全面的理论概念中的数量保持不变,这样定义的货币数量也总是容易波动的。也许正是这一事实使得即使在理论上也很难设想一个不变的货币流通量的可能性或可用性。

事实上,任何一个国家的货币流通,无论我们在货币的名目下列出什么,总会显示出与当地生产量的增加或减少相一致的自然波动,可能正是由于这一主要因素,人们普遍认为货币数量具有弹性是不言而喻的必然。但我们必须回答的问题正是这个。当我们把货币数量作为一个整体来讨论的时候,造成任何一个国家的货币流通量必然波动的原因是否适用呢?[①] 答案很简单。任何一个地理区域内流通的货币数量的增加或减少所起的作用,与特定个人货币收入的增加或减少的作用一样是确定的,也就是使居民在世界总产值中占有较大或较小的一部分。在一个"开放"社会里,所有个人总收入的相对数量大小将始终与该社会人们所支配的世界总产值的份额之间保持一定的比例。而且,如果该国国内流通的货币由于其产品的增加而相应地增加,那么这只是调整过程中的必要步骤之一,而这一调整过程使该国本身能够获得全世界产品中的更大一部分。如果从单独一个国家的角度来看,流通中的货币数量似乎随着生产的增长而绝对增加,但事实证明,这只不过是所有国家的货币

---

① 关于这个问题的更详细的讨论,请参阅前面引用的我在《世界经济档案》(第28卷)中的文章,第12节。

总量在地区间的相对分配的变化，这是改变整个世界产品分配的一个必要条件。如果这个国家的产品没有绝对增加，而是其他所有国家的产品绝对减少，同样的事情也会发生，而且对于恢复均衡也同样必要。因此，任何一个国家产品的增加都经常伴随着该国的货币流通数量的增加，不仅不能证明对于一个孤立的社会来说货币流通数量增加也是必要的，反而表明，无论对于这样一个社会还是对于整个世界来说，增加其货币流通量是多么无用。对于许多国家中的任何一个单独的国家而言，增加其货币拥有量只是获得更多货品的一种手段，同时，对于整个世界而言，货币数量的增加只意味着有些人不得不放弃其新增产品的一部分而转移给新货币的生产者。

四

人们普遍认为，为了防止紊乱，流通媒介的数量必须适应不断变化的贸易的需要，这种看法的第二个来源是由于对特定种类货币的需求与对一般货币的需求之间的混淆。① 这种情况尤其容易发生在所谓的货币需求的季节性变化方面，这实际上是因为在一年中的某些时候，流通媒介总量中需要现金的比例比其他时候更大。例如，自1832年和1841年议会委员会首次注意到霍斯利·帕尔默（J. Horsley Palmer）和吉尔巴特（J. W. Gilbart）的证据以来，在季度结算日定期反复发生的"货币需求"增长在央行政策讨论中发挥了巨

---

① 这种混淆在托马斯·图克的著作中尤为明显。参考格雷戈里在图克和纽瓦奇（Newarch）的《价格与货币流通状况的历史》（*A History of Prices and the State of the Circulation*）的序言，伦敦，1928年，第87及其后诸页。

大作用,这种增长主要是要求将银行存款形式的货币兑换成纸币或硬币。① 在经济繁荣的最后阶段和经济危机期间,"对货币的需求增加"也是如此。当繁荣时期接近尾声时,工资和零售价格上涨,纸币和硬币的使用量将相应增加,企业家将被迫从银行存款中提取比以往更大比例的现金。在一场严重的危机中,信心受到动摇,人们开始囤积现金,这又一次意味着,他们希望将过去习惯以银行存款保存的一部分流动资产以现金的形式保留下来,等等。只要我们把货币这一概念的范围扩大到足以包括一切充当货币的东西,即使仅仅暂时充当这一角色,所有这一切并不一定意味着流通媒介总量有所变化。

五

但在这一点上,我们必须考虑到一个新的困难,它使得流通媒介总量这一概念有些模糊,并使得确定其实际规模的可能性非常值得怀疑。毫无疑问,除了一般公认的货币或流通媒介的常规种类,例如硬币、银行纸币和银行存款等,其数量受某个中央货币当局管制或至少可以推测受到这样的管制外,还存在偶尔或永久地起货币作用的其他形式的交换媒介。虽然出于某些实际目的,我们习惯于把这些交换媒介与真正货币本身区分开来,认为它们只是货币的替代品,但显然,在其他条件都不变的情况下,这些货币替代品的任

---

① 关于这一点,我们可以看看马克卢普(F. Machlup)在《股票市场信贷、工业信贷和资本形成》(*Börsenkredit, Industriekredit und Kapitalbildung*)中的讨论,维也纳,1931年,特别是第八、九章。

何增加或减少，都会产生与真正货币的数量的增加或减少完全相同的效果，因此，为了理论分析，应该将其视为货币。

特别是，有必要考虑到某些与银行无关的信用形式，这些信用通常被认为有助于节省货币，或起到跟货币一样的作用，如果它们不存在的话，就需要有狭义的货币。我们可以用来区分这些流通信用与不能充当货币替代物的其他信用形式的标准是，它们给予某人购买财货的手段，同时又不会削弱他人的货币支付能力。最明显的例子是，当债权人收到一张汇票，他可以为支付其他货品的款项将其转让。它还适用于许多其他形式的商业信用，例如，在一系列相继的生产阶段中同时引入账面信用以取代现金支付，等等。这些信用形式的特点是，它们的出现不受任何中央货币当局控制，但一旦出现，必须能够兑换成其他形式的货币，才能避免信用崩溃。但重要的是不要忽视这样一个事实，即这些形式的信用之所以存在，主要是因为人们期望在必要时可以在银行用这些信用兑换其他形式的货币，因此，如果人们不指望银行将来会据此提供资金融通的话，这些信用可能永远不会存在。因此，这种对更多货币的需求的存在，并不是证明流通媒介的数量必须随着生产量的变化而波动的证据。它只能证明一旦新增的货币以某种形式或另外的形式出现，就有可能将它兑换成货币的其他各种形式。

六

为使货币完全不受经济过程影响而保持中性（即防止货币对价格形成产生任何切实影响），是否有任何真正理由改变必要的货币流通量,在着手研究这一问题之前,有必要问一下,在上述情况下流通媒介的数量是否可以保持不变,以及货币管理当局可以采取何种方法达到这个目的。尽管我稍后会介绍一些限定条件,但我可以立即表明,在我看来,这个问题似乎不只是一个理论上有重要影响的问题,而且对于制定更理性的货币政策而言,这个问题的答案可能也是非常重要的。

一个国家的信用体系常常被比作一个倒金字塔结构,这个比喻很符合我们的目的。金字塔的最低一层当然与信贷结构的现金基础相对应。它上面紧接着这一层对应于各种形式的中央银行信用,再上一层对应于商业银行的信用,最后在这些之上建立银行以外的商业信用总和。现在,中央货币当局只有对于现金和中央银行信用这两层较低的部分,才能直接实施控制。至于就第三层这一部分——即商业银行的信用而言,至少可以设想可以实行类似的控制。但是,金字塔的最上层部分——私人信用——只能通过改变其基础的规模,即银行信贷规模的变化来实施间接控制。最重要的是,金字塔各层之间的比例不是恒定的而是可变的,换句话说,金字塔塔尖的角度可能会发生变化。众所周知,在经济繁荣时期,建立在一定现金基础上的中央银行信用数量增加,而且类似地建立在一定数量的中央银行信用基础上的商业银行信用,甚至建立在一定数量中央银行信用基础上的私人信用的数量都会增加。这在欧洲大陆国家里无疑是正确的,在欧洲大陆,再贴现的可能性在很大程度上取代了实际现金储备。因此,在经济周期上升期间,即使中央银行能够成功维持信贷结构的基础不变,流通媒介的总量无疑仍将增加。因此,为了防止经济扩张,如果各国中央银行与目前惯用的做法相反，停止扩张自己本身的信用规模，那将是不够的。为了抵消由信用提供的基础与建立在其上的上层建筑之间比例的变化，中央银行实际上有必要按比例进行信用紧缩。只要普遍观点仍然认为，中央银行有责任在贸易不断增长时适应贸易需求并扩大信用，那么，期望中央银行做出任何此类举措可能完全是乌托邦的空想。不幸的是，正如约翰·富拉顿（John Fullarton）所抱怨的那样，我们离更开明的时代相去甚远，当时"在国会中，'需求'和'合法需求'这两个词在与这个主题相关的情况下甚至不能被提及，否则将遭到嘲笑"。[①] 尽管如此，我坚信，如果我们想要防止由于新增信贷引起的周期性的生产误导，就有必要采取与上述政策非常类似的措施，尽管在那些习惯于目前做法的人看来可能很荒谬。我不会自欺欺人地认为，在不久的将来，会有任何机会尝试这样的政策。但是，这不能成为我们不去正确遵循我们的理论论据的含义直到获得实际结果的借口。相反，非常重要的是，我们必须充分认识到消除扰动性的货币影响的巨大困难，而货币改革者往往倾向于低估这些困难。无论是我们的理论知识还是公众的教育状况，通过这两者中的任何一项，我们实际上距离为革命性的改革或有希望成功地进行这样的改革提供合理依据的时间还很遥远。

<h2 style="text-align:center">七</h2>

事实上，迄今为止，我们的论证过程低估而不是夸大了真正的

[①] 约翰·富拉顿，《论通货管理》（*On the Regulation of Currencies*），第 2 版，伦敦，1845 年，第 206 页。

困难。我认为我已经证明，实际生产量的变化并不能为改变货币供给量提供充分的理由。不过，在我看来，确实仍然存在其他因素，如果"自然"价格体系或经济过程的均衡不受扰动，这些因素的作用可能使这种货币供给量改变成为必要。到目前为止，我还能够一直忽略这些因素，因为我所说的一直遵循一个假设，我在一开始就明确提出了这个假设，即假设货品总流量与交换成货币形式的那一部分货品之间的比例，或者说货品换取货币的比例保持不变。但现在必须取消这个假设。

现在要记住的是，当流通中的货币数量保持不变时，上述比例不一定随实际生产量的变化而改变，当实际生产数量保持不变时，它也不一定因流通中的货币数量的变化而改变；只有在以前不使用货币就能实现货品流动，现在需要货币的转移时，或者以前只能通过货币支付手段实现的货品流动，现在无需使用货币就可以实现时，它才会改变。还要记住的是，这一比例的变化是由商业组织的某些变化引起的，例如两家公司合并为一家，或者一家公司分为两家，这是由于货币经济扩展到以前人人只消费自己的产品的领域，或者易货交易占主导地位的领域，等等。我们现在必须注意的问题是：货币交易量在货品总流量中所占比例的这种变化难道不会导致流通媒介数量的相应变化？

这个问题的答案取决于，如果没有货币数量的相应变化，商业组织结构的变化是否会导致需求方向的转变，以及随之而来的生产方向的相应转变，而"真实"因素的变化并不能解释这种生产方向转变的合理性。在货品从原始生产资料转移到最后阶段的过程中，在其中一点上加入了以前不需要的货币支付（或逆向的运作），这一简单事实将解释生产结构改变的合理性,就这点而言,它并不是生产结构改变的"真实"原因,这一简单事实可能是不需要进一步解释的一个命题。因此,如果我们能够证明,在货币流通数量没有相应变化的情况下,它确有引起生产结构变动的影响,那么在这种情况下,我们就有充分的理由认为有必要改变货币数量。

八

让我们来研究一下,当一个代表两个不同生产阶段的企业,比如纺纱和织布,被分成两个独立的企业时会发生什么情况。纱线从纺纱厂到织布厂的转移,以前是不需要货币的,而现在将通过使用货币购买来实现。这家新的织布企业,以前作为大企业的一部分,只需留存货币来支付工资等,而现在则需要更多的货币来购买纱线。因此,我们将假定新业主从旧企业手中购买了织布厂,该新业主除了需要购买现有厂房和设备以及顶替该厂原业主保留的现金余额外,他还需要更多的资金余额以便支付新的款项。如果在已经流通的货币之外不再增加新的货币,他将不得不从其他无法被顶替的用途中取得这笔资金,从而造成对资本品的需求的绝对减少,并因此导致生产结构的缩短;或者他将不得不为此使用新的储蓄,这将不再能用于延长迂回生产过程,用罗伯逊先生的话来说,也就是这些生产过程将"流产"。如果其他因素保持不变,其效果将等同于从流通中的货币总量中减掉以前用于生产的相应金额。这两种情况如此相似,以至于对消费品的需求与对生产品的需求之间比例的变化(第二种情况与第一种情况一样,不是由"真实"原因决定的)

不会是永久性的：原来的比例往往会重新恢复。但是，如果从一开始就通过创造新的货币来满足新企业家对更多现金余额的需求，那么货币流通总量的这种变化就不会引起需求方向的变化，而只会有助于保持现有的均衡状态。

如果时间允许的话，我们很容易证明，在相反的情况下，两家企业的合并，以及在很多类似的商业组织的变化中，货币被释放出来，而如果不从流通中收回这些货币，就会产生与向流通中增加这么多货币同样的效果。但我认为，我在这一点上已经讲过的内容，足以解释以下结论的合理性：货币需求因货品总流量与其中货币成交的那部分之间的比例变化而发生变化，或者我们暂时称这个比例为货币交易系数（the co-efficient of money transactions），如果货币对价格体系和生产结构保持中性，就应该通过货币数量的变化来证明该交易系数的合理性。

如果我们记得货币交易系数不仅会随时间变化，而且在同一时刻，在一个经济体系的不同部分可能会有所不同，那么所有这些假设就更为重要，例如，因为货品在较低生产阶段的换手间隔比在较高生产阶段的换手间隔更短。在这种情况下，货币从经济体系的一个部分转移到另一个部分，或从生产的一个阶段转移到货币交易系数不同的另一个阶段，也会相应地改变流通中必需的货币数量。例如，如果货币从一个较低的生产阶段转移到一个较高的生产阶段，两个相继的阶段之间的间隔时间是这个时间的两倍，因此，在这个阶段只需要一半的货币就可以持有相同数量的货品，这样转移的货币的一半就可以闲余下来。在相反的情况下，增加（即新增加一倍）同等数量的新货币是必要的。因此，在这种情况下，向某种程度的资本化生产方式转型也可能需要改变货币的数量,这不是因为货品流动的实际数量已经改变,而是因为货币已经从货币交易系数较高的领域转移到交易系数较低的领域,反之亦然。

九

对于我们原来的政策准则——货币数量应保持不变,这并不是一个可被视为影响该准则的唯一例外。事实上,刚才讨论的例子只是一个更普遍和非常熟悉的现象的一个特殊方面,迄今为止在这些讲座中被完全忽略了。我指的是通常所说的流通速度的变化。到目前为止,我一直把流通中的货币数量和在一定时期内实现的货币支付金额作为等价概念讨论,这是一种处理方法,其中隐含着"流通速度是恒定的"假设。也就是说,我的整个论点只直接适用于在一段时间内完成的支付金额。如果我们假设"流通速度"是恒定的,那么它间接适用于货币金额。只要我们做出这样的假设,或只是谈论一段时间内的支付金额,我认为刚才讨论的情况似乎是一般规则的唯一例外,即为了使货币对价格保持中性,货币数量或支付金额应保持不变。但是,一旦我们考虑到支付方法可能发生变化,情况就会变得不同,这种变化会使某一数量的货币在一段时间内能够比以前支付更多或更少的款项。这种"流通速度"的变化一直被正确地认为等同于流通中货币数量的变化。尽管我对流通中平均流通速度的概念并不特别感兴趣[①](在此处详加解释其原因就太过

---

① 参考米塞斯,《货币与信用理论》,第二版,慕尼黑和莱比锡,1924年,第III及其后诸页。

了），但它足以成为以下一般说法的正当理由：即如果货币对价格保持中性，流通中货币数量的相应变化就必须抵消流通速度的任何变化。

十

直到现在，我们的困难还没有结束。因为，为了消除货币对价格形成和生产结构的一切影响，仅从数量上调整货币供给以适应需求的变化是不够的，还必须确保货币落到真正需要的人手中，即进入经济体系中的企业组织或支付习惯发生变化的那部分。可以想象，在需求增加的情况下，这是可以控制的。很明显，如果需求减少的话，这将更加难以控制。不过，除了这个从纯理论角度来看未必无法克服的特殊困难外，应该清楚的是，仅满足这种意义上的正当合理的货币需求，及保持货币流通量不变，该办法绝不可能成为货币政策的实用准则。毫无疑问，目前的陈述只是为新增货币作为正当货币的需求与作为不正当资本的需求之间的旧的区分，提供了另一个或许更清楚的表述。但是把它转换成能付诸实践的语言仍然存在困难。将所有超过资本实际供给量的那些所有资本需求排除在外的"自然"利率或均衡利率无法确定，即使能确定，也不可能在乐观情绪浓厚时期阻止银行以外的流通信用的增长。

因此，从我们的讨论中得出的货币政策的唯一实用准则，可能是一条否定的准则：生产和贸易增长这一简单事实，并不构成信贷扩张的理由，并且在严重危机时期进行储蓄的银行家无需担心过度谨慎会损害生产。在现有条件下，是不可能超越这一限度的。无论如何，只有具有面向整个世界的中央货币当局才能尝试这种做法：单一国家的行动注定是一场灾难。认为我们能够通过货币政策完全消除产业波动的想法可能是一种幻想。我们最大的希望是，日益增长的公开信息可能会使中央银行更容易在经济周期向上运行期间采取谨慎政策，从而缓解随后的萧条，并抵制通过"一点点小的通胀"来对抗萧条的善意但危险的建议。

十一

如果理论分析不能为经济政策提供切实可行的建议，那么对理论分析价值持怀疑态度的任何人，很可能会对我如此长时间的讨论收效甚微深感失望。然而，我并不认为，为了厘清货币对经济进程保持中立的条件方面所做的努力是无用的，因为这些条件在现实世界中可能将永不出现。我认为这些研究至少能得出两点结论。第一个结论，正如我在第一讲中所说的，货币理论至今还远未达到完美的状态，甚至该领域的一些最基本的问题仍然没有得到解决，一些公认的学说的有效性也很成问题。这尤其适用于一种普遍存在的错觉，即认为我们只需要简单地稳定货币价值，就可以消除货币对生产的一切影响，因此，如果假设货币价值是稳定的，在理论分析中，我们就可能认为货币是不存在的。我希望已经表明了这一点，即在现有条件下，货币总是会对经济事件的进程产生决定性的影响，因此，如果忽视货币的作用，那么我们对实际经济现象的分析就是不完整的。这意味着我们必须绝对放弃仍然广为流行的观点，用穆勒的话来说就是，"简而言之，在社会经济中，从本质上讲，没有比货币更微不足道的东西了"，而货币"就像许多其他类型的机器一样，只有在出现故障时才会发挥明显独特和独立的影响力"。① 同时也意味着货币理论的任务比人们通常认为的要广泛得多，它的任务不亚于在易货交易的假设下，再一次涵盖纯理论所涉及的整个领域，并研究引入间接交换后使纯理论的结论发生的应有变化。解决这个问题的第一步是将货币理论从其任务的过于狭隘的概念所造成的约束中解放出来。

从我们的讨论结果得出的第二个结论是从第一个结论而来：只要我们对货币理论的最基本问题没有更清楚的认识，只要在基本理论问题上没有达成一致，我们就不能彻底地重建我们的货币体系，特别是用一种或多或少被随意管理的货币取代半自主的金本位。事实上，我担心在目前的认知状态下，与这种尝试有关的风险远远大于金本位可能造成的危害。我甚至不相信，目前人们普遍认为金本位制度所带来的很多危害，不会被未来的和更有见识的一代经济学家认可，其被认为是由于近年来试图使金本位机制失效的种种尝试的结果。此外，我认为现时过分强调货币制度改革的紧迫性是危险的，还有另一个可能同样重要的原因是，这是把公众的注意力从造成我们困难的其他更紧迫的因素上转移开来的危险。关于这一点，我必须说最后一句话，因为这将有助于防止一种我特别急于避免的误解。虽然我相信只有用货币机构的运作才能解释反复出现的经济萧条的原因，但我认为不可能以这种方式解释每一次经济停滞。这尤其适用于今天一些欧洲国家正在经历的那种长期萧条。

---

① 穆勒，《政治经济学原理》，第三册，第七章，第3段，阿什利编，第488页。

用我在前两讲中使用的那一类分析方法很容易证明,当一个国家采取一定措施,将对货品的需求从生产者那里转移到消费者那里,可能造成资本化生产结构的持续萎缩,从而导致萧条期延长。这可能适用于一般公共支出的增加,也可能适用于特定形式的税收或特定形式的公共支出。当然,在这种情况下,对货币体系的任何干预都无济于事。只有彻底改变国家政策才能提供补救措施。

第四讲附录　关于"中性货币"的补充评述

　　第一讲中提到的"中性货币"（neutral money）一词，显然是由维克塞尔首先使用的，但他使用该词多少具有偶然性，并没有打算将它作为一个专业术语来介绍。直到最近，它才得到更广泛的使用，显然首先是在荷兰得到使用，这可能要归功于库普曼斯（J. G. Koopmans）先生的影响，他多年来一直在研究这个问题。然而，自从本书首次出版后，库普曼斯先生研究的首个成果才问世。[①] 但是，库普曼斯先生的研究比本文所做的要深入得多，对于任何对这个问题感兴趣的人，我只能热情地推荐库普曼斯先生的研究，我自己也大体上同意他的研究。

　　可以在贝伦斯（W. G. Behrens）先生早些时候的一本德文著作中找到关于这个问题的一个简短的讨论。[②] 贝伦斯先生还正确地指出，"中性货币"一词只不过是在卡尔·门格尔和米塞斯教授称为

　　[①]　库普曼斯，"关于'中性'货币的问题"（"Zum Problem des 'Neutralen' Geldes"），《对货币理论的贡献》（*Beiträge zur Geldtheorie*），哈耶克编，维也纳，1933年。

　　[②]　沃尔特·贝伦斯，《货币创造问题》（*Das Geldschöpfungsproblem*），耶拿，1928年，特别是第228、286、312及其后诸页。

"货币内在客观交换价值（innere objektive Tauschwert）的不变性"或简称"货币内在价值（innere Geldwert）的不变性"的名称下讨论的问题的一个新名字（我认为是不相宜的）。还可以补充说明一下，瓦尔拉斯和后来的洛桑学派（Lausanne School）经济学家基本上是出于同样的目的使用了与"货币"（monnaie）不同的"计价标准"（numéraire）概念。

这里我并不打算进一步探讨这个概念引起的极其困难的理论问题。然而，最近在专门针对它的一个方面的讨论中显示出了对这个概念的理解有一些模糊，似乎有必要加以澄清。人们通常认为，中性这一概念提供了一条可以立即应用于货币政策的实际问题的准则。但情况并不一定是这样，而且这个概念原本当然不是用于这一目的。它首先注定要为理论分析提供一种手段，并帮助我们将货币对经济生活进程的切实影响分离出去。它指的是一系列条件，在这些条件下，可以想象货币经济中的事件会发生，特别是在这种经济中，相对价格会形成，仿佛它们只受均衡经济学中考虑的"真实"因素的影响。在这种意义上，"中性货币"这个术语当然只是指出一个问题，并不代表一个解决办法。显然，若这是解决办法，会对货币政策问题具有重要意义。但它并非不可能只代表一种理想范本，而这种理想范本在实践中可以与货币政策的其他重要目标相抵触。

在我看来，任何尝试回答这个理论问题的必要起点似乎都是承认这一事实，即一旦货币成为交易中介时，在易货交易情况下必然存在的需求和供给的同一性就不复存在了。于是，问题变成了将货币的单方面影响分离出来的问题——重复我在较早的场合无意中借用的维塞尔的一个表述[①]——在易货交易分裂为两个独立的交易后,发生了其中一种交易而没发生互补交易时,将出现该单方面影响。在这个意义上,没有相应供给的需求,以及没有相应需求的供给,显然首先在以下各情况中出现:即当货币从储备中支出(即现金余额减少)时,当收到的货币没有立即支出时,当新增货币出现在市场上时,或当货币被毁损时。因此,这个问题的表述立即形成了一个货币流量不变的解决方案,上一讲中概述的例外情况除外。然而,只有库普曼斯先生在上面提及的文章中系统地阐述了这个观点。

在货币经济中,为了保持一般经济理论所描述的向均衡阶段发展的趋势,有必要确保建立中性货币理论所必需的所有条件的存在。然而实际上,这几乎是不可能的。有必要考虑到这样一个事实,即一种普遍使用的交易媒介的存在总会导致就该交易媒介而言存在的长期契约,而该契约将是基于未来某一价格水平的预期订立的。也许还有必要考虑到这样的事实情况,即许多其他价格具有相当程度的刚性,而且特别难以降低。如果货币的供给保持中性,对于货币政策的所有实际问题来说,所有这些阻碍价格体系顺利适应(这一适应是必要的)不断变化的环境的"摩擦",当然都是最重要的。而这些"摩擦"却会妨碍货币供给保持中性。也许有必要在两个目标之间寻求一种折中办法,这两个目标只能实现一个:尽可能

[①] 参考维塞尔,"货币价值及其变化"("Der Geldwert und seine Veränderungen"),《经济、社会政策和行政杂志》(*Zeitschrift für Volkswirtschaft, Sozialpolitik und Verwaltung*),第13卷,1904年,第54页,也再版于同一作者的《文集》(*Gesammelte Abhandlungen*),图宾根,1929年,第178页。

实现作用于趋向均衡状态的力量，避免过度的摩擦阻力。但重要的是要充分认识到，在这种情况下，消除货币的切实影响已不再是货币政策的唯一目标，甚至不再是货币政策能够充分实现的目标；而用同一个名称来描述货币政策的这一实际目标只会引起混乱，因为这个名称是用来表示理论上可以想象的情景，即其中的两个相互抵触的目标之一已经完全达到。

因此，中性货币的理论概念与货币政策实践的理想范本之间的真正关系是，前者为判断后者提供了一个标准；一个具体制度在多大程度上接近中性状态是判断某一政策过程是否适当的一个准则，也许是最重要的但不是唯一的准则。可以想象，只有在下述条件下才能避免由货币影响引起的对相对价格的扭曲和对生产方向的误导。第一，总的货币流量保持不变；第二，所有价格都是完全灵活的；第三，所有长期契约都基于对未来价格变动的正确预测。这意味着，如果没有给出第二和第三个条件，任何形式的货币政策都无法实现这一理想。

附录　资本和产业波动：
对批评的回应①

在最近一期的《计量经济学》杂志上，②汉森（Hansen）和陶特（Tout）两位先生提出的善意批评，使笔者的观点受到影响。这为我提供了一个很好的机会来澄清一些显然还没有充分阐明的观点。两位先生的批评性评论大多针对的是存在实际难题的地方；虽然我认为能够回答他们的主要反对意见，但与其把时间浪费在以下问题的相对不重要的讨论上，即在我早期的论述中是否已经暗含了这些理论进展，又或者汉森和陶特两位先生对这些理论进展的解释是否能从前面讲座的粗略和不完整的阐述中得到合理证明，不如通过进一步系统地发展我的论述来作为答复或许更有意义。

汉森和陶特两位先生用以下一系列命题阐述了我的理论：

命题1. 萧条是由生产结构的收缩（即资本化过程的缩短）引起的。在哈耶克看来，萧条现象就是生产结构的收缩。动态力量可能

---

① 转载自《计量经济学》，第2卷，第2期，1934年4月。
② 汉森和陶特，"商业周期理论年度概览：商业周期理论中的投资和储蓄"（"Annual Survey of Business Cycle Theory: Investment and Saving in Business Cycle Theory"），《计量经济学》，第1卷，第2期，1933年4月。

对经济生活产生各种影响，但除非它们具有缩短生产过程的具体效果，否则萧条不会随之而来。除了生产结构的收缩之外，萧条也不会以任何其他形式出现。简而言之，萧条可以定义为资本化生产过程的缩短。

命题2. 被迫储蓄现象是直接或间接导致生产过程缩短的主要原因（当然，还有其他原因）。

命题3. 由自愿储蓄引起的生产过程延长往往保持不变；或者至少没有内在的理由说明为什么这种延长之后必然伴随着生产结构的收缩。

自愿储蓄的增加将导致相对于消费品而言的生产品的需求扩大，这将提高与较低生产阶段相对而言的较高生产阶段货品的价格。随之而来的价格差的收缩，或者换句话说，利率的降低，将使生产过程的永久延长成为可能。

命题4. 由被迫储蓄（货币供给没有保持中性）所引起的生产过程的延长不可能永久维持下去，而随后必然会出现生产过程的缩短。

提供给企业家的货币供给量（银行信贷）的增加将导致与消费品相对的生产品需求的增加，这将提高与低阶货品相对的高阶货品的价格。但是，随之而来的生产过程的延长无法维持，因为由于消费和储蓄习惯没有改变，一旦货币供给量停止增加，高阶和低阶货品的价格关系就会出现逆转。因此，人为拉长的生产过程将不可避免地出现收缩。

命题5. 由于货币供给量的增加而引起的消费者需求的增加（超出了保持货币中性所必需的量），不可避免地会导致生产过程的缩短,从而引起萧条。

直接提供给消费者的货币供给量的增加将导致与生产品相对的消费者财货需求的增加,从而提高与高阶货品相对的低阶货品的价格,这将不可避免地导致生产过程的收缩。

命题6. 过度的公共支出和税收,通过增加支出与储蓄的比率,将迫使生产过程缩短,从而导致长期的萧条或商业停滞。

支出的增加将导致与生产品相对的消费品需求的增加,这将提高与高阶货品相对的低阶货品的价格。因此,低阶货品和高阶货品之间的价格差扩大,或者换言之,利率提高,将导致生产过程收缩。

命题7. 除了下列必要的增加和减少外,货币供给量应保持不变:(1)抵消流通速度的变化所必需的;(2)抵消因企业合并等类似原因引起的货币交易系数的变化所必需的;(3)有必要为可能发生的非货币支付手段(如账面信用)的任何变化提供的。(因此,对"恒定"货币供给和"中性"货币供给进行了区分)

命题8. 货币供给量的任何变化(不包括为了保持货币中性所必需的变化)都是有害的,因为它最终必然导致生产过程的收缩。(1)如果增加的货币供给流向企业家,生产过程首先会被拉长,但随后必然会缩短,恢复到以前的状态,或者回到更短的过程。(2)如果增加的货币首先流向消费者,生产过程的缩短就立即发生,而且该生产过程将永久缩短。

命题9. 生产和贸易的增长不能成为银行信贷增长的辩护理由。

命题10. 一段时期的萧条不会被通货膨胀性的货币供给所消除,尽管从理论上讲,在危机最严重的阶段,是有可能被消除的,尽管资本化结构趋于萎缩的程度超出了最终证实的必要程度,巧妙管控下的增长经证实可能是有益的。但这样巧妙的管控是不可能实现的,就使这种情况成为一个无足轻重的例外。

一

除了一个例外,我完全同意这种表述是对我的观点的中肯和准确总结。即使这个无足轻重的例外也可能只是一个笔误,并在下文的讨论中得到了圆满的澄清。不过,我应该在开始时就强调,我绝不应该说——按照命题2所述——被迫储蓄可能会直接缩短生产过程,这可能会令一些读者感到困惑。被迫储蓄本质上意味着生产过程的延长,在我看来,关键在于,一旦被迫储蓄的原因消失,这种延长就可能部分或全部逆转。

汉森和陶特先生讨论的第一个主要难题,与他们所谓的我的命题1有关,即把萧条现象等同于生产结构的收缩。在我看来,他们的难题在于区分已完成的结构和未完成的结构,这一点我可能没有讲得足够清楚,也与区分纯粹储蓄率(或更准确地说,在投资率方面的)波动效应和通过被迫储蓄手段创造的资本的特定不稳定性的效应密切相关。明确这些区别的最佳办法可能是从一场普遍性讨论开始,该讨论是始于通常可用于生产结构的投资工具的波动效应,特别是关于早期阶段的盈利能力。我认为,从这次讨论来看,似乎与汉森和陶特两位先生的意见相反,倾向于使早期阶段无利可图的,不是投资率的纯粹波动,而只能一方面是这样一种特别剧烈的波动,另一方面是使净投资为负值的波动。最后,对这部分讨论得出结论,由此看来,在"被迫储蓄"的情况下,不仅不可能保持投资率不变,而且还存在会使投资率变为负数的强大力量,它是"被迫储蓄"的必然结果。

二

生产过程的任何延长只能在一段时间内完成,这段时间对应于正在转移到较早阶段的生产要素被投入的时刻与其产品成熟的时刻之间的时间段。如果要完成和维持新的、较长的生产过程,这不仅需要不断维持早期阶段的投资,而且(除了少数例外,如葡萄酒的陈化和树木的生长)还需要在晚期阶段进行进一步的补充投资。

由此可见,在任何一个正在发展的社会中,投资的特定形式是由预期决定的,即预期在未来一段时间内,将会出现类似的投资资金流;在任何时候,只有一小部分可用于新投资的资金将用于启动新的过程,而其余部分被要求用于完成已经在进行的过程。在简化的假设下,可投资资金供给的增加而可能产生的边际过程的总长度,总是大于已经使用的任何过程的总长度,这种情况可以用图8表示。与我在前面的讲座中使用的三角形一样,曲线三角形 ABC[①]表示属于已经完成的生产过程的资本存量(曲线三角形 AB'C' 的面积表示增资开始前的资本存量)。从 C 到 D 之间开始绘制的实线条纹,代表未完成的过程,其开始于过去的不同时刻——现在处于不同的完成阶段。这些条纹延伸出来的虚线部分代表完成这些生

---

① 使文中所示的那种曲线三角形成为比第二讲中使用的简化形式的三角形更合适的表现形式,其原因可能是显而易见的。参见第39页。

产过程所需的额外投资。在相继的每一段投资期内,可用资金的一部分将用于启动新的过程,一部分用于推进已在进行的过程,另一部分用于完成最先开启的过程。

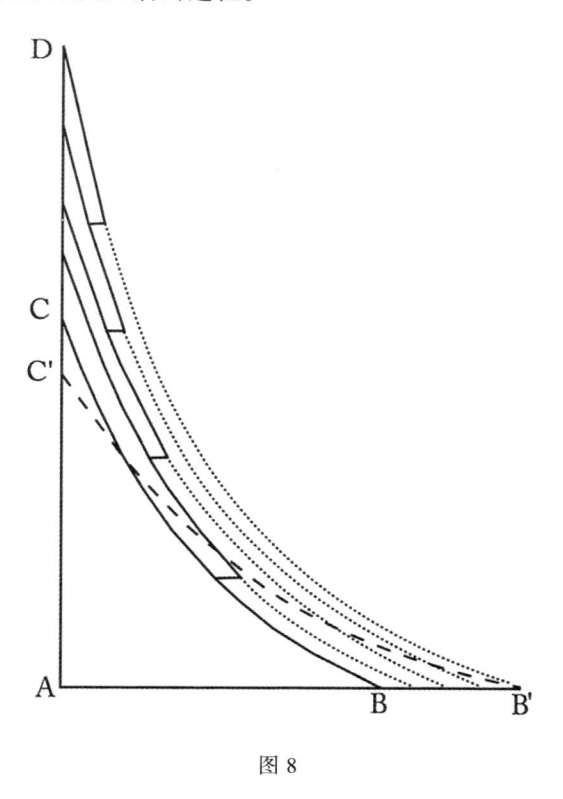

图 8

如果在任何时候储蓄的下降不超过以前用于启动新生产过程的资金,那么已经开始的过程的完成就不会受到威胁。而且,由于某些未完成的过程随时都会完成,因此储蓄的数量可能会以一定的速度不断下降,并且在所有正在进行的过程都完成时可能达到零。

因此，在任何时候，在不干扰已经开始的新过程的情况下，储蓄率可能下降的最大速率是存在的。当储蓄的减少速度超过这一水平，即超过为完成正在进行的过程所需的资本减少的速度时，不完整的结构将无法完成，在早期阶段所做的一些投资就不得不被放弃。

当然，这种放弃生产过程早期阶段的做法意味着，即使与此同时，在晚期阶段正在进行大量新形式的投资，目前正投入的原始生产要素的平均供给期限也将缩短。然而，在这种情况下，新形式的投资不一定意味着净投资，因为被放弃的早期阶段的损失必须被冲销。

三

如果有人说，只有在新生产品需求下降速度快于替代需求增加速度的情况下，对生产品的总需求才会因新生产品需求的下降而下降，这是由于之前生产品存货的增长造成的，那么这只是相同结论的另一种表达方式。这让我想到了对一个著名论点的讨论，根据该论点，对生产设备的需求的任何增加都必然导致——一旦对生产设备的需求停止增加，生产该设备的工厂产能过剩。虽然很少有人认识到这一点，但这是一个典型的例子，即只有在资本的进一步增加使得能够通过在晚期阶段适当增加资本来完成生产结构的情况下，才能维持早期生产阶段的扩张。[①]

[①] 因此，这种头重脚轻的结构是一种未完成的结构，只有在其早期多个阶段有助于增加后期阶段的设备，使其更新需求量能充分利用早期阶段的产能之后，这些早期阶段才能长期得到利用。（然而，这里的关键问题不是技术意义上的产能，而是充分的利用，以使工厂按当前价格摊销成为可能。）

附录　资本和产业波动：对批评的回应

在这方面，重要的是从一开始就必须小心谨慎，以避免由于未能区分某一特定行业生产设备的需求的波动（由对该行业的产品需求的波动引起）和新的一般生产品需求的波动（与可用于新投资的资金供给的波动有关）而产生的混淆。这里我主要关注的是后一种类型的波动。关于这种特殊情况，我们所讲的内容在多大程度上也适用于前者，取决于早期阶段的具体资本设备在多大程度上是专门用于生产某一特定行业设备的，或者它是否可以更普遍地使用。关于这个问题，我只能参考塞尔策（Seltzer）先生最近发表的一篇吸引人的文章，[①]他似乎表明，在这个意义上，资本的流动性远比人们通常所认为的要大得多。在我讨论了第一类波动之后，便可对这一点的其他一些因素进行更适当的讨论。

因此，首先我将假定投资的增加是由于资本供给的增加，而提供新设备所需的工厂并不是仅仅适应一个行业的要求，而是可以相当广泛地使用。接下来的问题在于，鉴于预期资本将以大约相同的速度持续增长，扩大生产该设备的行业的工厂规模会出现盈利，直至一个节点，该点即为当前新资本供给的任何下降都将使该工厂的充分利用变得无利可图之际。

这个问题的答案很简单：只要资本供给的减少不超过迄今为止用于建造生产该设备的新工厂[②]所需的数量，对新设备的需求就没

[①] "资本的流动性"（"The Mobility of Capital"），《经济学季刊》，第 46 卷，1932 年。

[②] 这里假定，可以利用已经存在的类似工厂或也可利用其他一些工厂为较晚阶段生产设备来帮助建造用于生产有关设备的额外（新增）工厂。当然，情况总是如此，因为没有已经存在的一些资本的帮助，就不能创造任何资本，如果要在已经存在的生产阶段之外再增加一个较早的生产阶段的问题，那么根据定义，一定意味着这些资本财货

有理由会下降。换句话说，储蓄减少的影响仅仅是新的迂回生产过程的启动将停止，但是，如果减少不超过一定的速度，那么，现有工厂就没有任何理由在以后阶段不继续添加设备。而且，由于早期增加该设备造成的更换需求将继续上升，在不影响生产这种设备的工厂使用的情况下，新储蓄的供给甚至可能继续以一定的速度下降。因此，这种情况完全类似于已经讨论过的储蓄率波动的情况：只要储蓄率的下降幅度不超过使已经开始的过程得以完成的程度，就不应产生任何有害影响。

四

在这一点上的困惑似乎是由一个非常普遍的错误引起的——将适用于单个行业的规律应用于整体行业。当然，某一特定行业对设备的相对需求量取决于对该行业产品的需求量，当然不能说一般资本品的需求量直接取决于对消费品的需求量。诚然，一些当代经济学家深受消费不足谬论的影响，以至于他们愿意说，储蓄永远不会导致投资的相应增加，因为这涉及消费品需求的下降，因此，它只是一种有害和不受欢迎的现象，我当然不必与像汉森和陶特先生一

迄今已在较晚的阶段被使用。这里可能会提到，因为这有时会造成混乱，任何特定的资本品不必而且也通常不会仅仅属于任何一个给定的生产"阶段"。如果它被用于生产在不同阶段使用的其他资本品，尤其是，如果它有助于生产耐久品，或者它本身是耐久品，那么它就属于与从发生的那一刻起经过的不同时期同样多的不同"阶段"，即从我们考虑它的那一刻起，到它帮助生产的不同最终产品被消费的那一刻。然而，这远远没有使生产阶段的概念变得无用，只是一个必要的区分，以便解释资本供给、利率或影响生产结构的其他因素的变化对单个资本品价值产生影响的不同方式。

样接受我的基本立场的经济学家讨论这个问题。但是,如果人们接受这样一个命题,即对生产品的总需求量不是对消费品需求的一种简单衍生,而对消费品的任何特定需求都可能引发对生产品的需求的非常不同的生产方式,选择何种特定的生产方式将取决于不需要立即消费的总财富的比例,那么,我们当然必须把自由资本供给的波动,而不是消费品需求的波动,作为这种分析的出发点。

因此,没有理由认为,一旦储蓄率开始下降,由于储蓄供给的增加而引起的对新的资本品的需求普遍增加,就必然导致对原来的资本品的需求减少。而且,由于我仍从投资是通过信贷创造("被迫储蓄")或任何其他纯粹的货币变化来融资的情况考虑,很难看出除了储蓄的供给之外,还有哪些因素会影响对新资本品的总需求。只有当我们假设新资本可以赚取的利率的变化会导致囤积或不囤积,才会引入一个新的变化因素。但这是消费品需求中的货币变化的情况之一,我将稍后讨论。

关于这一点,迄今为止我的论点是:只要我们从货币变化来考虑,对消费品的需求只能与对生产品的需求成反比变化,因此,远远不会产生与生产品的需求同一方向的累积效应,反而会在相反方向上抵消其需求。

然而,不同种类的消费品之间仍然存在需求的转移,这当然会对特定种类的资本品的需求产生一定的影响。这种意想不到的转变无疑会产生这样的影响:在需求已经转移走的行业中,现在经证实为新设备所做的供给是过多的,或者换句话说,以预期的方式完成较长的生产过程将变得无利可图。但是,对新设备的总需求不会改变,是继续使用现存的生产设备的工厂还是必须建造新厂,将取决于已经提到的技术因素。

五

纯粹的或易货交易的主题理论就到这里（在通常的理论假设的意义上，货币的存在是为了促进交换，但对事情的进程没有决定性的影响，或者换句话说，保持中性——这种假设几乎总是被做出，尽管没有用这些术语来表达）。关于货币在这方面可能产生切实影响的讨论，最好从被迫储蓄的独特影响开始，这将引导我们讨论另一个问题，即货币变化对消费品需求的影响。被迫储蓄的独特性，其影响与自愿储蓄的影响不同，只不过在于它必然导致可用于购买消费品的手段的增加。出于这个原因，我的"命题4"是关于被迫储蓄所积累的资本的无常性，与我的"命题5"直接联系在一起，而"命题5"是关于消费品货币需求直接增加的影响，汉森和陶特两位先生也相当一致地反对这种影响。

为什么强制储蓄总是会导致随后可用于购买消费品的货币增加，其原因相当明显，而且大概无可辩驳。在这种情况下，企业家不是通过资金从消费品到生产品的相应转移，而是通过提供给他们的新增货币，就能够从晚期阶段吸引生产要素到早期阶段。这意味着他们会抬高这些要素的价格，而其他要素的价格不会相应下降。因此，货币收入总额将会增加，而这种增加反过来又会导致在消费品上花费的货币数量增加。在要素需求增加一段时间后，必然会出现消费品支出的增加。这两者的时间间隔将意味着，在对要素（或生产品）的需求停止增长（或增长速度开始放缓）之后的一段时间，对消费品的需求将继续以更快的速度增长；只要对生产品的需求增长放缓——一段时间之后——对生产品的需求与消费品的需求之间的货币比例将发生有利于后者的变化。

因此，问题就转向消费品的货币需求的相对增长的影响。然而，相较于一般问题，在特定情况下的回答是简化的，因为根据我们的假设，给出了两个相关的观点。在这个特殊的例子中，我们可以假设：（1）由于这是一个繁荣结束的情境，因此没有未被利用的资源；（2）尽管消费品的货币需求持续上升，但用于生产的信贷扩张速度往往会放缓，因此，我们不能假设这种需求的持续增加会导致新一轮的信贷扩张。将在稍后讨论消费品的货币需求增加这一更困难的情况（此情况下这些假设不一定成立），以及为何信贷扩张速度不能达到足够高的水平以避免这种反应的问题。

消费品价格的相对上涨不仅会提高其生产者在原始要素市场上的竞争地位，而且还会使这些生产者通过雇用相对于资本比例来说更多的劳动力（原始要素）以更快即使更昂贵的方法来增加产出也有利可图。虽然他们对所有非专门性生产要素（其也可用于最晚的生产阶段）的需求将继续推高这些要素的价格，但早期生产阶段的特定中间产品的价格将相对于其成本而下降。而且，由于这种影响不仅会向早期阶段累积增加，而且还将导致自由资本向更有利可图的早期阶段转移，因此很容易看出，越来越多的早期阶段将怎样趋向于无利可图，直到最终出现闲置，导致原始生产要素的价格以及消费品的价格下降。

六

我必须先谈一谈信贷扩张的速度，再讨论以下情况：即所有银行都存在的闲置未利用要素和未使用的贷款能力，以及可能由于推迟了必要的调整而导致长期无利可图，从而导致通货紧缩和物价迅速普遍下跌的情况，如果要避免刚才讨论的那种反应，信贷扩张必须不间断地持续下去。

汉森和陶特两位先生只是把稳定的信贷扩张速度说成是资本的增长速度持续和不受干扰的充分条件。我不太确定在这种语境下"稳定"是什么意思。但是，如果它指的是——（很有可能是这种意思）流通媒介总量的增长速度是恒定的，我认为其可以表明，这不足以维持一个恒定的被迫储蓄率；同时，通货膨胀过程一旦超过一定速度，任何旨在使信贷扩张速度大到足以确保恒定的被迫储蓄率的尝试，似乎都不可避免地会因开始起作用的反作用力而受阻。

一个恒定的被迫储蓄率（即投资超过自愿储蓄）需要信贷有一定扩张速度，这将使中间产品的生产者在每一个相继的时间单位内，能够与消费品的生产者[①]就不断增加原始生产要素的数量成功地进行竞争。但是，由于先前用于生产要素的支出（收入）的增加，

[①] 我不得不在这里——正如我在前一讲中所说的那样——为了简洁起见，谈谈中间产品生产者和消费品生产者（庞巴维克的关于现在和未来货品的阐述）之间的竞争，而不是更确切地谈论在生产的所有"阶段"中持续不断的各种企业家之间的竞争——这种竞争导致所有原始要素的平均投入期缩短或延长。

生产者对消费品的竞争性需求（在货币方面）随之成比例上升，为了使中间产品的生产者能够吸引更多的原始要素而增加信贷，不仅增长的绝对数量而且增长的相对幅度必须大于上一次的增长，这反映在目前消费品需求的增长上。即使只是为了吸引占同样大的比例的原始生产要素，即仅仅为了维持现有资本，每一次新的增长都必须与上一次增长成正比，即信贷必须以恒定的速度持续扩张。但为了使资本不断地增加，它必须增长得更多：其必须以恒定递增的速度增长。这一增长必需的递增速度取决于新增货币用于生产要素的第一次支出与由此产生的收入用于消费品的再支出之间的时间差。

诚然，在前面的讲座中，我不仅详细讨论了维持一定的被迫储蓄率所需的信贷扩张率，而且还简单地假设——由于传统银行政策或金本位操作等制度原因——不管这一扩张率是多少，它都不可能永久保持。但我认为可以轻而易举地证明，即使没有这些阻碍信贷扩张的障碍，这样的政策迟早会不可避免地导致价格迅速地进一步上涨，这种上涨除了带来其他不良影响外，还会引起一些变动，很快抵消"被迫储蓄"并最终对其产生进一步的反作用。

无论是简单地渐进式地增加信贷（这只会有助于维持而不是增加已经存在的"强制储蓄"），还是以不断增长的速度增加信贷，都不可能持续相当长的一段时间而不引起价格上涨，这一结果由以下事实得出：在这两种情况下，我们都没有理由认为，消费品供给的增加将与流入消费品市场的货币的增加保持同步。如果在第二种情况下，信贷扩张最终导致消费品产量的增长，这种增长将大大滞后于消费品需求的增长，而且（随着生产周期的延长）落后的越来越多。但无论消费品价格上涨的速度是更快还是更慢，其他所有价格，特别是原始生产要素价格的上涨速度都会更快。这种普遍而渐进的价格上涨何时会变得非常迅速，只是一个时间问题。我的观点并不是说，信贷扩张政策刚一开始实施，这一发展就是不可避免的，而是说，如果要达到某种结果——被迫储蓄率保持恒定，或者在没有被迫储蓄积累的资本自愿储蓄的帮助下维持不变——就必定发展到这一程度。

一旦到了这个阶段，这样的政策将很快与其自身的目的南辕北辙。在被迫储蓄机制继续运作的同时，价格的普遍上涨将使企业家越来越难以维持其现有资本完好无损，实际上最终完好无损是不可能实现的。对账面利润进行计算而其被耗尽，无法再生的现有资本在数量上占的比重将越来越大，最终将超过被迫储蓄所带来的增加资本。

在这方面，重要的是要记住，企业家必然而且不可避免地从货币的角度来考虑他的资本，而且在不断变化的条件下，除了从价值的角度来考虑资本的数量外，别无他法，这实际上就是从货币的角度来考虑资本。但是，即使在一段时间内，他抵制住了账面利润的诱惑（经验告诉我们，这是极不可能的），并用一些指数数据来计算他的成本，贬值的速度只要足够快，这样的权宜之计将是无效的。就讨论的目的而言，由于我论证的要点是，信贷扩张和贬值的速度必须以递增的速度增长，它在一段时间后最终会达到任何预期的幅度。

七

由于这些理由,我认为汉森和陶特先生基于稳定的被迫储蓄率的愿望是不切实际的。可能发生临时被迫储蓄而不产生危机这一恶劣后果的条件有没有可能存在,则完全是另一回事。显而易见的是,这只有在被迫储蓄率相对较低的情况下才有可能。我们已经知道的另一个条件是,它所引起的投资波动很好地保持在我们所描述的范围之内。在另一个地方,[①] 我试图表明,如果这些条件与第三个条件——即出现了相对较高自愿储蓄率——相结合,其为接替已经创造但不能通过被迫储蓄来维持的实际资本提供了手段,就可以避免这种资本的损失。但在这种情况下,我所知道的唯一可以避免这种损失的方法是,被迫储蓄只意味着一种预期,而不是资本流通的净增长,因为只有在以后出现等量的储蓄时,它才能维持下去。出于这个原因,我甚至比以前更加怀疑被迫储蓄是否会像汉森和陶特两位先生认为的那样成为一种福音。这与以下问题完全无关,即在任何意义上经济学家是否可以合理地说(正如我自己偶尔所说的那样):违背有关人士的意愿做出的此类决定可能是"有益的"。但是,这触及一个更广泛的问题,那就是我们是否拥有任何衡量标准,来衡量在他们的决定中除了体现出的他们自己的偏好之外,那些相关的人所获得的满意度——这个问题我甚至不能在这里开始讨论。

---

① "商业周期研究的现状和未来任务"("Stand und Zukunftsaufgaben der Konjunkturforschung"),《阿瑟·斯皮特霍夫纪念文集》,第110页。

八

由于那些更为根本的问题已经得到了讨论,在本文的范围内,不可能讨论汉森和陶特先生在同一角度上提出的与之相同的更多的观点。特别是下一个关于以下问题的非常重要的一点——即在生产力未得到充分利用、银行能够向生产者扩大信贷的情况下扩大消费者需求所产生的影响,只有与萧条期间进程的成熟理论相联系才能得到完整的回答。但是,如果假定这两个条件是前一次危机的结果(对这些条件存在的原因做出明确的假定对于任何答案都是必不可少的),如果接受我刚才的讨论中对危机的解释,就很难看出导致危机的同一现象(即对消费品的相对需求上升)如何也能治愈危机。资本的稀缺性,当然就是消费品价格相对较高,只能通过给消费者提供更多的货币花在最终产品上才能得到改善。至少,只要没有货币引起的并发问题,特别是只要我们不认为对价格进一步下跌的预期会导致货币囤积,我认为没有办法可以克服这个困难。但是,在我开始讨论这些次要的货币并发问题与造成这种问题的潜在实际失调之间的关系之前,我必须尝试澄清一个在我看来是混淆的东西,这种混淆导致汉森和陶特两位先生把他们拒绝消费者信贷增加对资本破坏效应的观点,不仅应用于晚期的萧条的特殊情况,而且普遍应用于萧条的情况。

在我看来,在这一点上混淆的实质在于我的批评者们试图建立的一个对比,这一对比是在他们所谓的对消费品和生产品相对货币需求的"名义"变化与"对现在和未来货品的时间偏好的根本性改变所引起的对消费品需求的真实变化"之间的几个地方。在我看来，假设这种时间偏好率除了通过对这两类财货的相对需求之外可以产生任何影响，或者可以产生与影响该相对需求的任何其他因素不同的任何直接影响，这似乎是试图建立一种纯粹的神秘联系。即使没有货币变化，在给定的个人时间偏好下，对现有资源的支配权的分配的任何改变都会导致资本和收入之间完全不同的比例，这一事实本身就足以使这一点十分清楚。①

在时间偏好率不变的情况下，被迫储蓄可以由货币原因引起——我同样看不出两位作者如何在能够接受这一观点的同时，全盘否认货币原因也可能导致"被迫性储蓄减少"（forced dis-saving，或被迫性负储蓄）的观点。原则上，这两类财货的相对需求的任何变化，无论是由货币需求从一个方向到另一方向的实际转移引起的，还是仅仅是货币单方面增加或减少而另一方面没有相应变化，都趋向于导致生产的相对数量的相应变化。这两种情况（货币转移和单方面改变）之间的区别在于：第一，一定数量的货币从消费品需求转移到生产品需求，这种转移比单方面增加或减少同样数量的货币更有效地改变了两类货品需求之间的比例；第二，货币数量的变化，即第二类变化所隐含的变化，将导致进一步的变化，这些变化

---

① 作者们在一定程度上认识到了这一事实，不过，有些作者似乎低估了这一事实的重要性，这主要是因为他们只考虑收入分配变化的影响；虽然这显然是影响新储蓄的唯一因素，但自由资本的总供给更多地取决于现有资本的周转或摊销。由货币原因引起的现有资本存量的任何变化，通过随之而来的对资源的控制权的再分配，往往将会影响对生产品和消费品的相对需求。如果货币原因导致了资本的毁损，这种变化必然是永久性的。如果它们导致了额外资本品的创造，那么对相对需求的影响可能至少在某种程度上使对资本品的相对需求永久性地增加。

可能消解或抵消相对需求变化所产生的趋势。如果相对需求的变化伴随着需求的绝对减少，同时成本（即原始生产要素的价格）是刚性的，那么这种情况就尤其如此。在这种情况下，通货紧缩的趋势可能会出现，这会抵消相对需求变化的影响可能甚至超过其影响。但是，尽管可能引发这些进一步的并发问题，在我看来，这一原则似乎是正确的，甚至包括了在汉森和陶特先生认为的以下论点的反证（reductio ad absurdum），即消费品需求的单方面减少可能导致生产结构的延长。尽管我完全承认，由于可能出现的并发问题，这种情形不太可能成为现实，但我并不认为它完全不切实际。例如，一个非常小的食利者阶层减少了农产品消费，从而增加了货币囤积，可能不会通过首先在农业领域工资的下降以及进而普遍的工资下降，而引起与投入工业中的固定数量的货币相对应的劳动力数量实际增加，以致引起资本增加，汉森和陶特先生会否认这点吗？

九

对这一情形和类似情况的分析将有助于揭示一个汉森和陶特先生往往忽略的重要区别：区分由某一给定货币变化直接引起的趋势与（可能，甚至很大可能性，但不是必定）由第一次货币变化引起的进一步货币变化所带来的影响。这里更有必要划出一个明确的分界线，由于目前讨论的倾向，要么认为这些次要货币变动是理所当然的而从未提及，要么是未能证明为什么以及在什么条件下，这些次级货币变动应该跟随着第一次变化出现。

这些讨论让我回到消费品需求与资本品价格之间的关系问题

上。我不应该否认,在某些情况下,例如,对一般价格下跌的预期会导致大量囤积资金,而这种预期的任何变化,都可能导致减少可供投资的囤积资金,以便抵消消费品需求增加的最初效果。① 在银行借贷方面,出现类似的情况也是不难想象的。毫无疑问,除了相对价格的变化外,就这些次要的货币并发问题而言,一般价格变动是最重要的,任何阻止或逆转一般价格变动的因素都可能导致诱发性的货币变化,而这种变化对消费品和生产品需求的影响可能比货币数量的最初变化所引起的影响更强。

但我们必须小心,不要陷入汉森和陶特先生犯下的明显错误中,即假设在所有情况下,消费品和生产品的价格向同一方向(例如向上)移动,这可能不会伴随着它们相对高度的变化,如果一般价格没有变化,该变化将产生完全相同的效果。此时,他们的一般命题是,如果伴随着同一方向的普遍运动,消费品和生产品的相对价格的变化就不会产生同样的效果。当他们发现对在不同方向上的绝对运动的表述,只有在下列假设下才是正确的:(1)与相对价格变动相比,预期的一般价格变动相对较大;(2)与此同时,一般变动不超过一定限度——经验表明,至少在相当严重通货膨胀的情况下——超过该限度成本开始比价格变动得更快;(3)货币利率并不使其自身与预期的一般价格变动率相适应。②

---

① 参见上文引述的我提交《阿瑟·斯皮特霍夫纪念文集》的稿件。

② 一个出乎意料的事实是,关于由货币供给变化引起的相对需求变化所产生的所谓不同影响的讨论,导致两位作者争论——实际上,如果它不是明确错误的话,在我看来其依据似乎是错误的——是他们以前否认的东西,即通过"被迫储蓄"积累的资本不会是永久性的。如果货币供给发生变化之后,"最终达到均衡时,除非过渡期的影响使收入获得者的时间偏好永久改变,否则(消费品价格与生产品价格之间的)关系将不

此外，有必要认真澄清可能引起并发问题的特殊假设。在讨论的该类大多数推理中，被假定存在的通缩趋势并不是任何危机和萧条的必然结果，而可能是由于价格刚性、长期契约的存在等因素造成的必要调整受阻所致。我决不会低估这些现象的重要性。我所呼吁的只是，出于分析的目的，这些倾向应该谨慎地分开，而不要相互混淆。只有这样，我们才有希望最终解开在大萧条时期起作用的各种不同力量之间的纠缠，并得出关于大萧条的详细解释，而我在这里甚至无法尝试。但是，仅仅因为某些趋势可能被其他趋势抵消而否认它们的存在，在我看来并不是一个有前景的推理进程。

十

汉森和陶特先生对他们所称的我的命题7、8、9和10提出的异议，部分是基于我已经讨论过的论点，部分是引入了任何实际政策方案都必须面对的更多并发问题，我承认我没有充分研究过这些问题。但是，在这方面，显然不可能进一步发展我的观点，或者试图弥补这些缺陷。

我只想谈两点。第一，中性货币的概念首先是一种理论分析工具，而不一定是一种实际政策的工具。其目的是明确地提出在哪些

会改变"（第143页），那么，毫无疑问，通过被迫储蓄创造的大部分实际资本将会灭失。但是我认为现在以下问题的原因已经很清楚了，即为什么我应该非常不愿用这个论点来捍卫我的立场。

汉森和陶特先生认为，收入获得者的时间偏好发生这种永久性变化"并非不可能，因为货币供给量的增加或减少可能会增加社会的实际收入"。这似乎总结性地表明，他们所考虑的不是对资源的数量和分配的影响，而是对个人时间偏好的影响。

条件下我们可以预计货币经济中的经济过程与均衡理论所描绘的图景完全一致，顺带地，表明随着货币变化带来特殊的切实影响，我们必须考虑的问题。当然，从某种意义上说，这也将建立一个理想政策范本。但是，除了货币对价格的直接影响外，诸如存在固定金额货币的长期契约、价格刚性，以及制度因素之类的考虑，可能会使这种尝试完全行不通，因为它会引起一种新的摩擦，这并不难以想象。在这种情况下，货币政策的任务将是在不相容的不同目标之间找到一种可行的折中方案。但在这种情况下，我们必须清楚的是，由货币因素引起的某些重要的决定性和扰动的影响仍然存在，我们应该始终意识到这一事实。换言之，即使在最切实可行的货币体系下，价格的自我均衡机制也可能受到货币因素的严重干扰。

第二，直到1927年，我的确应该预料到，由于在前一个繁荣时期，价格没有上涨——而是倾向于下跌——随后的萧条将非常温和。但众所周知，就在那一年，美国货币当局采取了一项前所未有的行动，这使得人们无法将繁荣对随后的萧条的影响与以往任何经验进行比较。当局一注意到即将出现的反应征兆，就立即开始实施宽松的货币政策——其通过这一政策成功地将繁荣延长到超过了自然结束的时间两年。而当危机最终发生的时候，在又一段将近两年的时间里，人们刻意采取一切可能的手段阻止正常的清算过程。在我看来，与1927年以前的事态发展相比，这些事实对大萧条性质的影响要大得多。据我们所知，1927年以前的事态发展可能反而会使1927年及以后的大萧条相对温和。

经济学名著译丛

第一辑书目

凯恩斯的革命	〔美〕克莱因 著
亚洲的戏剧	〔瑞典〕冈纳·缪尔达尔 著
劳动价值学说的研究	〔英〕米克 著
实证经济学论文集	〔美〕米尔顿·弗里德曼 著
从马克思到凯恩斯十大经济学家	〔美〕约瑟夫·熊彼特 著
这一切是怎么开始的	〔美〕W.W.罗斯托 著
福利经济学评述	〔英〕李特尔 著
增长和发展	〔美〕费景汉 古斯塔夫·拉尼斯 著
伦理学与经济学	〔印度〕阿马蒂亚·森 著
印度的货币与金融	〔英〕约翰·梅纳德·凯恩斯 著

第二辑书目

社会主义和资本主义的比较	〔英〕阿瑟·塞西尔·庇古 著
通俗政治经济学	〔英〕托马斯·霍吉斯金 著
农业发展：国际前景	〔日〕速水佑次郎 〔美〕弗农·拉坦 著
增长的政治经济学	〔美〕保罗·巴兰 著
政治算术	〔英〕威廉·配第 著
歧视经济学	〔美〕加里·贝克尔 著
货币和信用理论	〔奥地利〕路德维希·冯·米塞斯 著
繁荣与萧条	〔美〕欧文·费雪 著
论失业问题	〔英〕阿瑟·塞西尔·庇古 著
十年来的新经济学	〔美〕詹姆斯·托宾 著

第三辑书目

劝说集	〔英〕约翰·梅纳德·凯恩斯 著
产业经济学	〔英〕阿尔弗雷德·马歇尔 玛丽·佩利·马歇尔 著
马歇尔经济论文集	〔英〕阿尔弗雷德·马歇尔 著
经济科学的最终基础	〔奥〕路德维希·冯·米塞斯 著
消费函数理论	〔美〕米尔顿·弗里德曼 著

货币、就业和通货膨胀	〔美〕罗伯特·巴罗　赫歇尔·格罗斯曼　著
论资本用于土地	〔英〕爱德华·威斯特　著
财富的科学	〔英〕J.A.·霍布森　著
国际经济秩序的演变	〔美〕阿瑟·刘易斯　著
发达与不发达问题的政治经济学	〔美〕查尔斯·K.威尔伯　编

第四辑书目

中华帝国的专制制度	〔法〕魁奈　著
政治经济学的特征与逻辑方法	〔英〕约翰·埃利奥特·凯尔恩斯　著
就业与均衡	〔英〕阿瑟·塞西尔·庇古　著
大众福利	〔西德〕路德维希·艾哈德　著
外围资本主义	〔阿根廷〕劳尔·普雷维什　著
资本积累论	〔英〕琼·罗宾逊　著
凯恩斯以后	〔英〕琼·罗宾逊　编
价值问题的论战	〔英〕伊恩·斯蒂德曼　〔美〕保罗·斯威齐等　著
现代经济周期理论	〔美〕罗伯特·巴罗　编
理性预期	〔美〕史蒂文·M.谢弗林　著

第五辑书目

宏观政策	〔英〕基思·卡思伯森　著
经济学的边际革命	〔英〕R.D.C.布莱克　A.W.科茨　克劳弗德·D.W.古德温　编
国民经济学讲义	〔瑞典〕克努特·维克塞尔　著
过去和现在的政治经济学	〔英〕L.罗宾斯　著
1914年以后的货币与外汇	〔瑞典〕古斯塔夫·卡塞尔　著
政治经济学的范围与方法	〔英〕约翰·内维尔·凯恩斯　著
政治经济学论文五篇	〔英〕马尔萨斯　著
资本和收入的性质	〔美〕欧文·费雪　著
政治经济学	〔波兰〕奥斯卡·R.兰格　著
伦巴第街	〔英〕沃尔特·白芝浩　著

第六辑书目

对人进行投资	〔美〕西奥多·舒尔茨　著

经济周期的规律与原因	〔美〕亨利·勒德韦尔·穆尔 著
美国经济史 上卷	〔美〕福克讷 著
美国经济史 下卷	〔美〕福克讷 著
垄断资本	〔美〕保罗·巴兰，保罗·斯威齐 著
帝国主义	〔英〕约翰·阿特金森·霍布森 著
社会主义	〔奥〕路德维希·冯·米塞斯 著
转变中的美国经济	〔美〕马丁·费尔德斯坦 编
凯恩斯经济学的危机	〔英〕约翰·希克斯 著
就业理论导论	〔英〕琼·罗宾逊 著

第七辑书目

社会科学方法论探究	〔奥〕卡尔·门格尔 著
货币与交换机制	〔英〕威廉·斯坦利·杰文斯 著
博弈论与经济模型	〔美〕戴维·M.克雷普斯 著
英国的经济组织	〔英〕威廉·詹姆斯·阿什利 著
赋税论 献给英明人士 货币略论	〔英〕威廉·配第 著
经济通史	〔德〕马克斯·韦伯 著
日本农业的发展过程	〔日〕东畑精一 著
经济思想史中的经济发展理论	〔英〕莱昂内尔·罗宾斯 著
传记集	〔英〕约翰·梅纳德·凯恩斯 著
工业与贸易	〔英〕马歇尔 著

第八辑书目

经济学说与方法史论	〔美〕约瑟夫·熊彼特 著
赫克歇尔-俄林贸易理论	〔瑞典〕伊·菲·赫克歇尔 戈特哈德·贝蒂·俄林 著
论马克思主义经济学	〔英〕琼·罗宾逊 著
政治经济学的自然体系	〔德〕弗里德里希·李斯特 著
经济表	〔法〕魁奈 著
政治经济学定义	〔英〕马尔萨斯 著
价值的尺度 论谷物法的影响 论地租的本质和过程	〔英〕马尔萨斯 著
新古典宏观经济学	〔美〕凯文·D.胡佛 著
制度的经济效应	〔瑞典〕托斯坦·佩森 〔意〕吉多·塔贝林尼 著

第九辑书目

资本积累论	〔德〕罗莎·卢森堡 著
凯恩斯、布卢姆斯伯里与《通论》	〔美〕皮耶罗·V.米尼 著
经济学的异端	〔英〕琼·罗宾逊 著
理论与历史	〔奥〕路德维希·冯·米塞斯 著
财产之起源与进化	〔法〕保罗·拉法格 著
货币数量论研究	〔美〕米尔顿·弗里德曼 编
就业利息和货币通论	〔英〕约翰·梅纳德·凯恩斯 著 徐毓枬 译
价格理论	〔美〕米尔顿·弗里德曼 著
产业革命	〔英〕阿诺德·汤因比 著
黄金与美元危机	〔美〕罗伯特·特里芬 著

第十辑书目

货币改革论	〔英〕约翰·梅纳德·凯恩斯 著
通货膨胀理论	〔奥〕赫尔穆特·弗里希 著
资本主义发展的长波	〔比〕欧内斯特·曼德尔 著
资产积累与经济活动/十年后的稳定化政策	〔美〕詹姆斯·托宾 著
旧世界 新前景	〔英〕爱德华·希思 著
货币的购买力	〔美〕欧文·费雪 著
社会科学中的自然实验设计	〔美〕萨德·邓宁 著
马克思《资本论》形成史	〔乌克兰〕罗斯多尔斯基 著
如何筹措战争费用	〔英〕约翰·梅纳德·凯恩斯 著
通向繁荣的途径	〔英〕约翰·梅纳德·凯恩斯 著

第十一辑书目

经济学的尴尬	〔英〕琼·罗宾逊 著
经济学精义	〔英〕阿尔弗雷德·马歇尔 著
更长远的观点——政治经济学批判论文集	〔美〕保罗·巴兰 著
经济变迁的演化理论	〔美〕理查德·R.纳尔逊 悉尼·G.温特 著
经济思想史	〔英〕埃里克·罗尔 著
人口增长经济学	〔美〕朱利安·L.西蒙 著
长波周期	〔俄〕尼古拉·D.康德拉季耶夫 著

自由竞争的经济政策	〔美〕亨利·西蒙斯 著
社会改革方法	〔英〕威廉·斯坦利·杰文斯 著
人类行为	〔奥〕路德维希·冯·米塞斯 著

第十二辑书目

自然的经济体系	〔美〕唐纳德·沃斯特 著
产业革命	〔美〕查尔斯·A.比尔德 著
当代经济思想	〔美〕悉尼·温特劳布 编
论机器和制造业的经济	〔英〕查尔斯·巴贝奇 著
微积分的计算	〔美〕欧文·费雪 著
和约的经济后果	〔英〕约翰·梅纳德·凯恩斯 著
国际经济政策理论（第一卷）：国际收支	〔英〕詹姆斯·爱德华·米德 著
国际经济政策理论（第二卷）：贸易与福利	〔英〕詹姆斯·爱德华·米德 著
投入产出经济学（第二版）	〔美〕沃西里·里昂惕夫 著

图书在版编目（CIP）数据

价格与生产/（英）弗里德里希·A.哈耶克著；吴富佳，吴彼得，陈伟译. --北京：商务印书馆，2025.（经济学名著译丛）. --ISBN 978-7-100-24621-7

Ⅰ. F820；F714.1

中国国家版本馆CIP数据核字第20243MU537号

权利保留，侵权必究。

经济学名著译丛
价格与生产
〔英〕弗里德里希·A.哈耶克　著
吴富佳　吴彼得　陈伟　译

商　务　印　书　馆　出　版
（北京王府井大街36号　邮政编码100710）
商　务　印　书　馆　发　行
北京市艺辉印刷有限公司印刷
ISBN 978-7-100-24621-7

2025年4月第1版　　　　开本 850×1168　1/32
2025年4月北京第1次印刷　印张 5 3/8
定价：38.00元